監修者――加藤友康／五味文彦／鈴木淳／高埜利彦

［カバー表写真］
中尊寺金色堂と平泉大路(毛越寺門前)のにぎわい

［カバー裏写真］
藤原三代画像
(上・初代清衡, 右下・二代基衡, 左下・三代秀衡)

［扉写真］
中尊寺金色堂内陣正面
(須弥壇内部に清衡・基衡・秀衡 3 代の遺体と四代泰衡の首をおさめる)

日本史リブレット人023

奥州藤原三代

北方の覇者から平泉幕府構想へ

Saito Toshio
斉藤利男

目次

奥州藤原氏の勢力圏　奥州藤原氏は奥羽両国を支配下においたほか、交易を通じて蝦夷ヶ島(北海道)を管轄した。

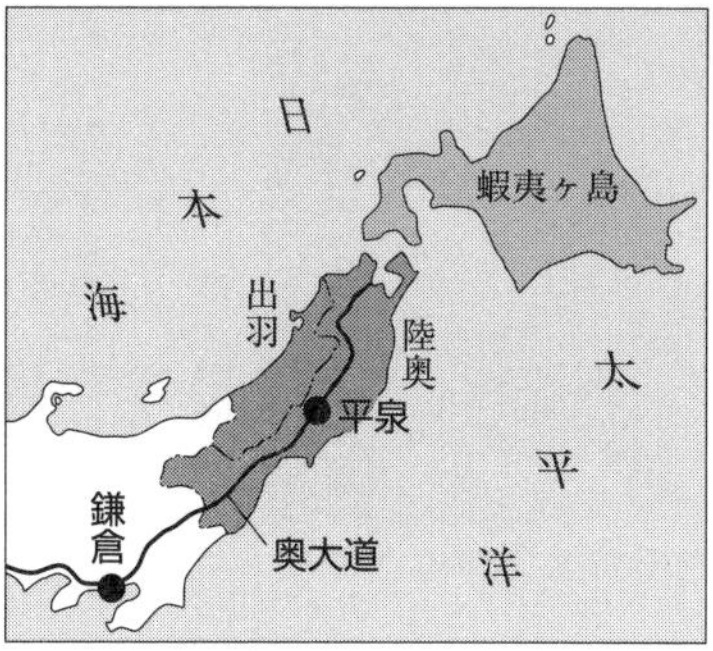

▼**東大寺大仏の再建**　一一八一(養和《ようわ》元)年、前年平氏《へいし》の焼討ちで焼失した東大寺再建の勧進上人《かんじんしょうにん》に俊乗坊重源《しゅんじょうぼうちょうげん》が任命され、一一八五(文治元)年、開眼供養、一二〇三(建仁《けんにん》三)年、総供養が行われた。

北方王国の夢

今から九〇〇〜八〇〇年前、平安《へいあん》時代末期の康和《こうわ》年間(一〇九九〜一一〇四)から文治《ぶんじ》五(一一八九)年にいたる約九〇年間、日本国の北の辺境、奥州の中心の地に未曽有の繁栄を誇った都市があった。平泉《ひらいずみ》である。また、この平泉を本拠に、日本列島の北部、約三分の一を支配した勢力が存在した。藤原清衡《ふじわらのきよひら》・基《もと》衡《ひら》・秀衡《ひでひら》の三代、奥州藤原氏である。

奥州藤原氏の富裕さと平泉の繁栄は、その時代から有名であった。一一八四(元暦《げんりゃく》元)年、再建された東大寺大仏《とうだいじだいぶつ》▲の開眼供養にあたり、鎌倉《かまくら》の頼朝《よりとも》が滅金《めっき》料《りょう》として黄金一〇〇〇両を寄進したのに対し、秀衡は頼朝の五倍、五〇〇〇両を奉加したほどだったし、一一八九年八月、鎌倉軍の侵攻の前に四代泰衡《やすひら》がみずからの居館に火を放って敗走する姿を、『吾妻鏡《あずまかがみ》』▲は「杏梁桂柱《きょうりょうけいちゅう》の構え、三代の旧跡を失い、麗金昆玉《れいきんこんぎょく》の貯え、一時の新灰となる」と記していた。

この平泉の文化遺産と、奥州藤原氏の歴史については、江戸《えど》時代以降、多くの人々が関心をよせ、とくに戦後になってからは本格的な研究が行われて、解明が進められてきた。なかでも画期的な意味をもつのが、一九八八(昭和六十三)年に始まる柳之御所《やなぎのごしょ》遺跡＝奥州藤原氏の政庁「平泉館《たち》」の発掘調査▲である。この発掘調査を機に、平泉に関する研究は飛躍的な発展をとげ、面目をまったく一新するにいたったといっても過言ではない。

だが、こうして一新された平泉や奥州藤原氏についての認識は、どれだけ共有されているだろうか。たとえば藤原三代の遺体をおさめた金色堂《こんじきどう》で有名な中《ちゅう》尊寺《そんじ》。しかし、中尊寺は本来、東アジア世界で「経王《きょうおう》」(経典の王)と呼ばれた法《ほ》華経《けきょう》を信仰上の中心とし、釈迦《しゃか》・多宝《たほう》二仏を本尊として安置する多宝寺を中心に建立《こんりゅう》された当時の日本では他に例のない寺院であった。中尊寺はまた、奥州の中心に建立され、境内を奥州縦貫の官道「奥大道《おくだいどう》」▲がとおる独特の性格をもつ寺院であった。さらに創建時の中尊寺が北の蝦夷《えぞ》世界を正面としていたこと、

▼**『吾妻鏡』**　鎌倉幕府が編纂した幕府の史書。鎌倉時代末期の成立。一一八〇～一二六六(治承《じしょう》四～文永《ぶんえい》三)年の事績を記す。

▼**柳之御所遺跡の発掘調査**　一九八八(昭和六十三)年、北上《きたかみ》川一関《いちのせき》遊水地事業にともなう緊急調査として開始。遺跡が奥州藤原氏の政庁平泉館の跡である可能性が高まり保存が決定。一九九七(平成九)年、国史跡に指定された。

柳之御所遺跡および周辺(2010年3月)

▼**奥大道**　奥州の大道。白河《しらかわの》関《せき》から外ヶ浜《そとがはま》(青森市陸奥《むつ》湾岸一帯)にいたる。

▼琉球王国　一四二九〜一八七九年、沖縄島の首里《しゅり》を首都、琉球諸島を領土として成立した独立王国。明《みん》に朝貢《ちょうこう》し中継交易による海洋王国として栄えた。一六〇九(慶長《けいちょう》十四)年、薩摩藩《さつまはん》に征服され支配下におかれるが、明・清《しん》への朝貢は続けられ、一八七九(明治十二)年の明治政府による王国廃止(琉球処分)まで存続した。

首里城《ぐすく》全景

奥州藤原氏も平泉以北の北奥羽が本拠で、初代清衡がみずからを「東夷《とうい》の遠《おん》酋《しゅう》・俘囚《ふしゅう》の上頭《じょうとう》」と称していたことなど、平泉を語るうえで重要な事実である。

こうした特徴は、「平泉政権」のあり方とも深くかかわっている。すなわち、その支配は日本国の北の辺境である奥羽両国から、国境を越えた蝦夷ヶ島にまでおよび、その文化もまた、都《みやこ》の文化の単純な模倣でなく、日本国の枠を越えて中国＝宋《そう》の文化を積極的に導入するなど、きわだった自立性と国際性をもっていた。このような平泉政権の性格は、同じ中世の武家《ぶけ》政権である鎌倉幕府《ばくふ》よりも、むしろ南の琉球《りゅうきゅう》王国▲に比すべきであり、日本国からなかば自立した「北方王国」を志向したと評価できるものである。もとより、奥州藤原氏一族や平泉家臣団《かしんだん》に関する研究の進展も、昔日の比ではない。

本書は、近年の研究の発展によって明らかになってきた平泉政権・平泉文化の他に類例のない性格と、その主＝奥州藤原氏の実像に焦点をあわせ、奥州藤原三代の歴史を語ろうと思う。そのなかで、奥州藤原氏のドラマティックな歴史と、北の人びとがいだいた夢、そして平泉文化の多様で豊かな内容を知っていただければ、望外の喜びである。

①奥州藤原氏誕生――初代清衡（その1）

清衡の誕生と父母

奥州藤原氏初代清衡《きよひら》は一〇五六（天喜《てんぎ》四）年に生まれた。この年は奇しくも、「奥六郡《おくろくぐん》の主《あるじ》」と呼ばれ奥州北部に勢力をふるった豪族安倍頼時《あべのよりとき》（はじめ頼良《よりよし》、のち頼時と改名。本書では「頼時（頼良）」と表記する）一族と陸奥守《むつのかみ》・鎮守府《ちんじゅふ》将軍　源《みなもとの》頼義《よりよし》との内戦前九年合戦《ぜんくねんかっせん》（一〇五一～六二〈永承《えいしょう》六～康平《こうへい》五〉年）が再発し、その後六年にわたる戦いが始まった年である。父は伝説の将軍藤原秀郷《ひでさと》▲の六代目の子孫藤原経清《つねきよ》、母は前九年合戦の当事者安倍頼時（頼良）の娘であった。

清衡の父経清は、従五位下《じゅごいのげ》の位をもつ陸奥国の在庁官人《ざいちょうかんじん》▲で、亘理《わたり》郡▲を領して郡司《ぐんじ》に任じられ、亘理権大夫《ごんのたいふ》と呼ばれた。『造興福寺記《ぞうこうふくじき》』▲の永承二（一〇四七）年二月二十一日の記事には、氏長者頼通《うじのちょうじゃよりみち》から興福寺僧坊再建の費用負担を命ぜられた諸国の「藤氏《とうし》諸大夫」（四位・五位の藤原氏）のうち、従五位下の位をもつ陸奥国の三人のうちの一人として経清の名がみえる。前九年合戦では、はじめ国司《こくし》源頼義の命に従ったが、頼義への不信感から舅《しゅうと》頼時の陣営に走り、そ

▼**藤原秀郷**　生没年不詳。北家《ほっけ》魚名《うおな》流。父は下野大掾《しもつけのだいじょう》村雄《むらお》。祖父豊沢《とよさわ》の代から下野に勢力をもつ。承平《じょうへい》・天慶《てんぎょう》の乱で平将門《まさかど》を討ち、従四位下《じゅしいのげ》に叙され、下野守に任命、坂東北部に強大な勢力を形成した。小山《おやま》・結城《ゆうき》氏はその子孫。

▼**在庁官人**　平安時代中期以降、中央から赴任する国司（受領）に対し、現地で国衙行政・軍事警察の機能を担った官人を呼んだもの。介《すけ》（国の次官）・掾《じょう》（三等官）など国衙指導層から実務官僚層までを含み、在地豪族がこの地位に就いた。

▼**亘理郡**　現在の宮城県亘理郡亘理町・山元《やまもと》町一帯。

▼**『造興福寺記』**　一〇四七（永承二）年正月の陣定《じんのさだめ》から翌年にいたる興福寺の再建・供養に関する記録。造興福寺長官藤原資仲《すけなか》の日記の記事から編集したもの。

の後は一貫して安倍方の有力武将として活躍した。

経清の陸奥国下向《げこう》の時期や、下向の契機については明らかでない。しかし、彼と同じく頼時の娘を妻とし、前九年合戦で安倍氏との内通を疑われて殺された平永衡《たいらのながひら》が、頼義の前任国司藤原登任《なりとう》の郎従として陸奥国に下向し、重用されて伊具郡《いぐ》▲を領したという経歴を有することから、経清の場合も同様のいきさつが推測されている。ただしその時期はずっと早く、彼の父（系図では頼遠《よりとお》あるいは正頼《まさより》）の代であったらしい。

実は、この時代、受領《ずりょう》（国司）が多数の「有官散位《ゆうかんさんい》」と呼ばれる武士や官人を引き連れて任国に赴き、国内支配を行うことは、広くみられた現象であった。そして、彼ら国司郎等《ろうとう》・従者たちが在庁官人となり、地方社会に土着することによって、古代以来の郡司にかわるあらたな郡司層が形成されることも、全国的な動きとして進行していた。清衡の父経清もまた、そうした「京下り」の武士・官人の一人だったわけである。さらに、経清と頼時の娘の結婚も、地方に下向した貴族《きぞく》を在地の有力豪族が婿として迎え、そのあいだに生まれた子が、父系が中央貴族につながるあらたな家を興すという、古代末期の地方社会で広く行

▼**伊具郡**　現在の宮城県角田《かくだ》市・伊具郡丸森《まるもり》町一帯。

藤原経清の系譜

(1)『尊卑分脈』による

秀郷―千晴（鎮守府将軍）―千清（将軍太郎）―正頼（従五下 下野守）―頼遠（下総国住人 五郡太大夫）―経清（亘権守 亘理権大夫）
　　―千常（鎮守府将軍・左衛門尉）

(2)「奥州御館系図」による

秀郷―千常（鎮守府将軍）―文脩（同上）―兼光（鎮守府将軍）―正頼（従五位下）―経清（号渡権大夫）

われた婚姻の一つであった。清衡が生まれた場所は不明だが、後述する父と母の結婚のいきさつから考えて、祖父安倍頼時（頼良）の居館のあった衣川柵《ころもがわのさく》▲（衣川楯《たて》、衣川関《せき》ともいった）内であった可能性が高い。そして、もし時代が平和であったならば、清衡は「奥六郡の主」安倍頼時の外孫、かつ将軍秀郷の血を引く名門武士藤原経清の子として、平穏な生涯を送ったことであろう。

だが、清衡が生まれた古代末期という時代の激動が、彼の運命を変え、数奇で苛酷な人生を強いることになる。それは幼年期における前九年合戦の体験であり、母の実家安倍一族の滅亡と父経清の悲劇的な死に始まる。続いて、前九年合戦の勝者清原武則《きよはらのたけのり》の子武貞《たけさだ》への母の再嫁と、継父武貞の子として成長した少年時代の日々。そして、清原一族の骨肉の争いに陸奥守源義家《よしいえ》▲の介入によって引き起こされた後三年《ごさんねん》合戦という、戦争の渦中に生きた壮年時代であった。

「奥六郡の主」安倍氏と清原氏

清衡の母は、「奥六郡」と呼ばれた現在の岩手県北上《きたかみ》盆地＝胆沢《いさわ》・江刺《えさし》・和《わ》賀《が》・稗貫《ひえぬき》・志波《しわ》・岩手《いわて》の六郡を領して、奥州北部に強大な勢力をふるい、

▼**衣川柵**（衣川楯、衣川関）　一六ページ参照。「柵」は『陸奥話記』にのみみられる呼称で、「楯」が実際の呼び名だったらしい。

▼**源義家**　一〇三九〜一一〇六年。源頼義の長男。八幡太郎《はちまんたろう》と称す。武勇に優れ河内源氏の全盛期を実現。「天下第一武勇之士」「武者の長者」といわれた。

奥六郡と出羽北部五郡（山北三郡・秋田郡・河辺郡）

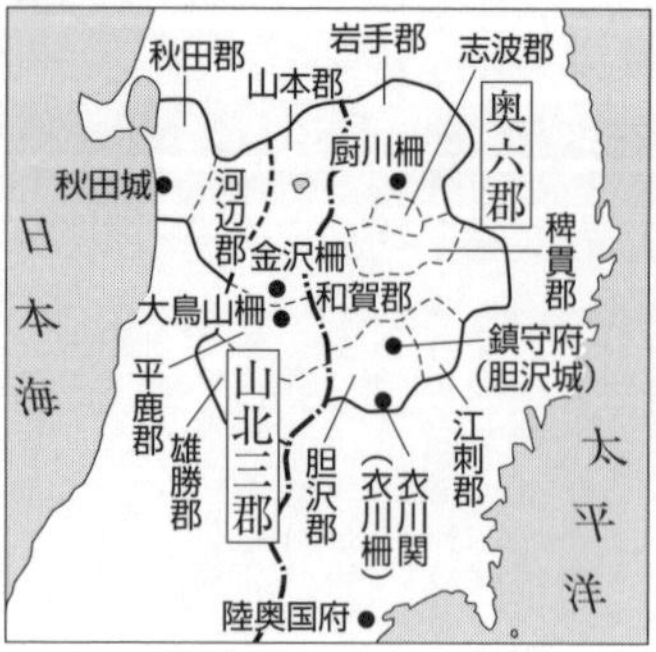

「奥六郡の主」を称した安倍頼時(頼良)の娘であった。『吾妻鏡《あずまかがみ》』文治五(一一八九)年九月二十七日条▲は、頼時に「有加一乃末陪《あるかいちのまえ》、中加《なか》一乃末陪、一加《いちか》一乃末陪」という三人の娘がいたことを記すが、夫経清との推定される年齢差から考えて、彼女は長女でなく、次女か三女であった可能性が高い。

かつて安倍氏は、前九年合戦を記録した『陸奥話記《むつわき》』▲(群書類従本)に「東夷酋長《とういのしゅうちょう》」「六箇郡之司《つかさ》」と記され、中央の記録にも「俘囚《ふしゅう》」(服属したエミシ)と書かれていることから、古代北東北の住人エミシ(蝦夷《えみし》)直系の在地豪族とみられていた。そして、九世紀初めの坂上田村麻呂《さかのうえのたむらまろ》の「征夷」によって征服された北上盆地の蝦夷勢力のなかから、俘囚の族長として台頭し、奥六郡全域の郡司職を握って、この地の支配者となったと理解されてきた。

しかし現在の研究では、安倍氏は純粋な蝦夷系豪族でなく、父の系譜では奥州に赴任した中央貴族安倍氏の子孫、おそらく九世紀末の元慶《がんぎょう》の乱▲(八七八〜八七九〈元慶二〜三〉年)の際の前鎮守将軍安倍比高《これたか》の子孫と考えられている。そして、比高が現地の蝦夷系豪族の娘を娶り、生まれた子が母の家の勢力を継ぐとともに、父の氏と姓「安倍朝臣《あそん》」を称したのが安倍氏の起こりと推測されている。

▼**『吾妻鏡』文治五年九月二十七日条**　平泉攻略後、頼朝が安倍頼時の衣河遺跡を巡見した記事をのせ、頼時の子として井殿盲目《いどのもうもく》、厨河次郎貞任《くりやがわのじろう》、鳥海三郎宗任《とりのうみのさぶろう》、境講師官照《さかいのこうしかんしょう》、黒沢尻五郎正任《くろさわじりごろうまさとう》、白鳥八郎行任《しろとりはちろうゆきとう》、有加一乃末陪、中加一乃末陪、一加一乃末陪の名を記す。

▼**『陸奥話記』**　軍記物語。成立は一〇六三〜六五(康平六〜治暦元)年ごろ。作者は当代一流の学者藤原明衡《あきひら》と推測される。現存写本中、前田育徳会尊経閣文庫本がもっとも原本に近く、群書類従本は後世の手がはいった流布本。

▼**元慶の乱**　八七八〜八七九(元慶二〜三)年に起こった古代出羽国最大の蝦夷反乱。秋田城以北の本州北部日本海側地域全蝦夷集団の蜂起で、秋田城を陥落させ独立を要求したが、出羽権守藤原保《やす》則《のり》・鎮守将軍小野春風《おののはるかぜ》らによって鎮圧された。

さらに、群書類従本『陸奥話記』が記す「六箇郡之司」という表現も、原本に近い尊経閣《そんけいかく》文庫本にはなく、後三年合戦の経過を記した『奥州後三年記《おうしゅうごさんねんき》』▲が、貞《さだ》任《とう》・宗任《むねとう》やその遺領を継いだ清原武則・武貞・真衡《さねひら》をさして呼ぶ「六郡の主」というのが、安倍氏の本来の呼称だったらしい。「六郡の主」とはのちに源頼朝《よりとも》が藤原秀衡《ひでひら》をさして「御館《みたち》は奥六郡の主」と呼んだ(『吾妻鏡』文治二〈一一八六〉年四月二十四日条)のと同じもので、これらの事実から、「奥六郡の主」の地位が安倍氏に始まり、清原氏、奥州藤原氏へと継承されていった状況も明らかになる。

そもそも奥六郡とは、十世紀初め、陸奥国府から独立して「第二国府」ともいえる機関に発展した蝦夷支配の軍政府「鎮守府」(胆沢城▲)が管轄する特別の領域、いわば鎮守府の軍管区として編成されたものであった。そして、「奥六郡の主」安倍氏も、鎮守府の在庁官人として登用され、十世紀半ば以降、その筆頭在庁=現地最高責任者として奥六郡全域に勢力を伸ばしていった豪族であった。この鎮守府管区奥六郡と国府支配下の諸郡の境界とされたのが、中尊寺《ちゅうそんじ》がたつ平《ひら》泉《いずみ》関山《かんざん》丘陵の北麓を流れる衣川であり、両地域を分ける関門として設けられたのが、十世紀初め関山一帯に構築された「衣《ころも》の関《せき》」であった。

▼**『奥州後三年記』** 軍記物語。奥州で清衡の影響下に成立した原本をもとに一一七一(承安《じょうあん》元)年後白河法皇の命で作成された絵巻を祖本として一三四七(貞和《じょうわ》三)年につくられたのが「後三年合戦絵詞」で、「奥州後三年記」はその詞書。

▼**胆沢城** 陸奥国の古代城柵。奥州市水沢《みずさわ》佐倉河《さくらがわ》に所在。坂上《さかのうえの》田村麻呂《たむらまろ》による胆沢攻略後の八〇二(延暦《えんりゃく》二十一)年築造。翌々年、国府多賀城《たがじょう》から鎮守府を移し蝦夷支配の中心拠点となった。

空からみた胆沢城跡(線で囲まれた範囲)

同じことは、奥羽の日本海側を占める出羽国《でわのくに》でも起こっていた。出羽国で陸奥の鎮守府（胆沢城）、鎮守府将軍、奥六郡にあたるものが、秋田城▲と、その長官出羽城介《じょうのすけ》（出羽国司の次官）、山北《せんぼく》三郡＝雄勝《おがち》・平鹿《ひらか》・山本《やまもと》の三郡（現在の秋田県横手《よこて》盆地）に秋田・河辺《かわべ》の両郡をあわせた出羽北部の五郡である。そして、安倍氏と同様に、秋田城の筆頭在庁として成長したのが、元慶の乱の際の出羽権掾《ごんのじょう》・秋田城城司《じょうし》清原令望《よしもち》を父系の祖にもつと推測される山北の豪族、「出羽山北の俘囚主」清原氏であった。

だが、安倍氏も清原氏も、のちの奥州藤原氏も、こうした父系の系譜にもかかわらず、北奥の住人、蝦夷《えみし》に連なる東北の在地豪族としてのアイデンティティーと、自立の姿勢を強固に保持し続けた。そして、この北の人びとの自立性の背後にあったものこそ、縄文《じょうもん》時代以来、日本列島の北の地域が発展させてきた「北の世界」の歴史と文化であった。

北緯三九度ラインと四〇度ライン

ここで安倍氏から奥州藤原氏にいたる時代の「北の世界」について、概観して

秋田城跡のある高清水《たかしみず》丘陵（秋田市）

▼**秋田城**　出羽国の古代城柵。秋田市寺内《てらうち》に所在。七三三（天平《てんぴょう》五）年、出羽柵をこの地に移し、七六〇（天平宝字《ほうじ》四）年ごろ改修し秋田城と改称。最北の古代城柵で、本州北部から北海道方面の蝦夷支配の拠点となった。

関山上空からみた北緯三九度以北の世界　広大な北上平野が広がる。

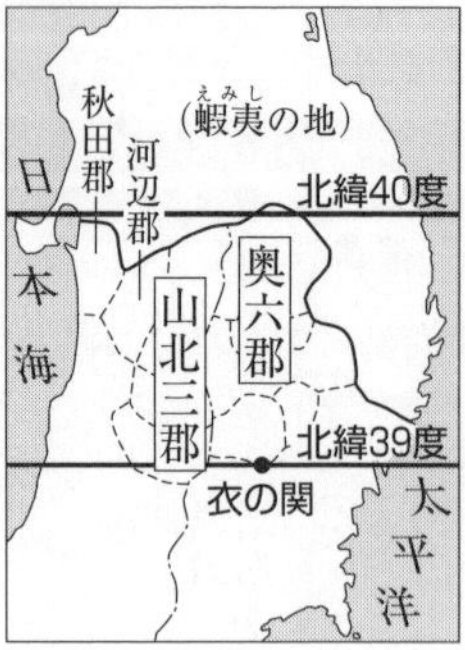

東北北部と北緯三九度・四〇度ライン

おこう。基本となる事実は二つある。

第一は、これら諸豪族の興亡の舞台となった東北北部の地は、北緯三九度以北に広がる広大な地域で、ヤマトを中心とする西日本やアズマ＝中部・関東から東北南部におよぶ東日本とは異質な、寒冷な気候と風土をもち、本格的な弥生《やよい》文化や前方後円墳《ぜんぽうこうえんふん》に象徴される古墳《こふん》文化を経験しなかったことである。そしてこの地の住人は、北の北海道に住む人びととともに「エミシ（蝦夷）」と呼ばれ、南の日本社会とは異なる政治・文化圏を形成してきた。

第二に、その東北北部の地も、中間をとおる北緯四〇度ライン（秋田の北の男《お》鹿《が》・八郎潟《はちろうがた》と盛岡《もりおか》の北の安比《あっぴ》高原を結ぶライン）付近を境に、明瞭な南北の地域差を有していた。すなわち、津軽《つがる》海峡を越えた北海道南部と共通した気候・植生をもち、北の世界との強い結びつきのなかで歴史を歩んできた「北緯四〇度以北」の地域と、より温暖で、南の日本文化の影響を強く受け、中間地帯として独自の歴史的発展をとげてきた「北緯四〇度以南」の地域である。そして、南の北緯三九度以北・四〇度以南の地域こそ、安倍氏・清原氏が勢力をふるった奥六郡・山北三郡であり、その南の境＝「衣の関」のおかれた関山・衣川ラインが、

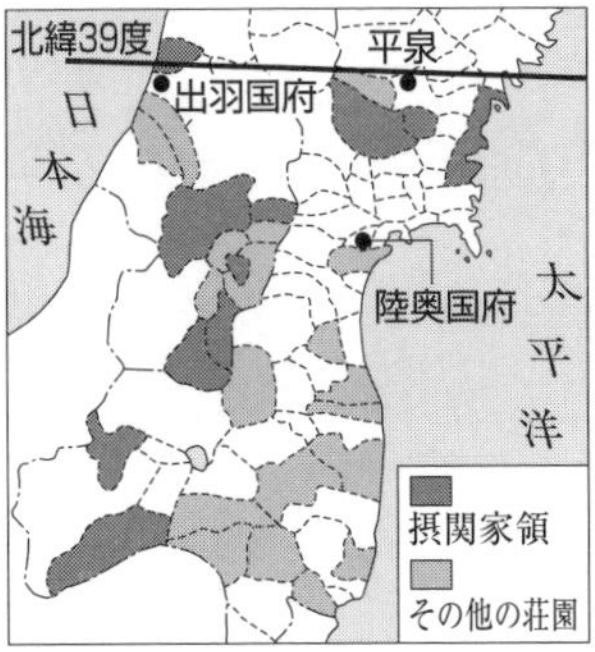

奥羽両国の荘園分布

まさしく北緯三九度ラインに相当する。

このなかで、古代律令《りつりょう》国家による「征夷《せいい》」の対象となり、激しい戦争を経験したのは、南の北緯四〇度以南の中間地帯であった。そして、「征夷」の達成によってこの地域が日本国の直接統治下に編入されたのち、服属した蝦夷《えみし》（俘囚）と未征服の北の地域の蝦夷《えみし》の人びとの双方を支配するための軍政府として整備されたのが、前述の鎮守府と秋田城であった。しかも日本国への編入後、北緯四〇度以南の地域には東国《とうごく》から大量移民が行われ、仏教と神社信仰を中心とする中央文化も移植されて、強力なヤマト化＝同化政策が推進された。

だが、そうした支配と同化政策の進展にもかかわらず、東北地方北部の強固な自立性が失われることはなかった。それは、十一世紀から押しよせる荘園《しょうえん》寄進と寄進地系荘園形成の波が、ついに奥六郡の南境＝関山・衣川ライン（北緯三九度ライン）以北にはおよばなかったことに、象徴的に示されている。荘園寄進とは、地方の領主たちが所領争いを解決する方法として、王家（天皇家）・摂《せっ》関家《かんけ》や大寺社などの中央の権門《けんもん》に所領を寄進し、その権威をもって所領争いの終結をはかったものである。それゆえ、荘園寄進が行われなかったということ

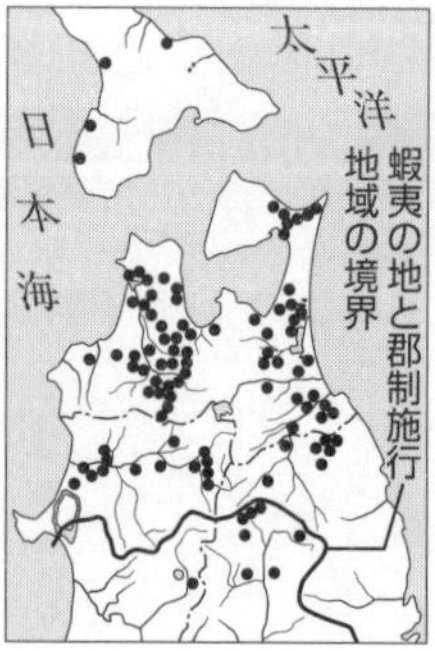

東北北部・北海道南部の防御性集落遺跡の分布

八戸市林ノ前遺跡全景

は、中央の権門の権威が、ついに北東北の地にはおよばなかったことを意味する。そして、北海道を除く日本本土のなかで荘園が存在しなかったのは、この北緯三九度以北の東北北部だけなのである。

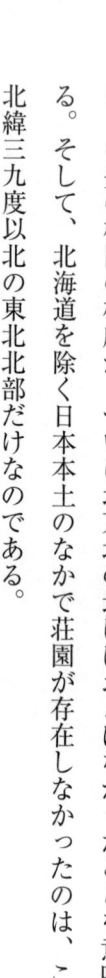

北の「戦争と交易」の時代

それだけではない。北緯三九度以北の東北北部の地が「征夷」後も強固な自立性を維持し続けた背後には、十世紀半ば以降、北緯四〇度以北の北奥・道南で展開しためざましい社会発展と、北緯四〇度ラインを挟む南北地域相互の交流の活発化という、これまで知られていなかった「北の世界」の活気に満ちた歴史が存在した。それをものがたるのが、この時期の北奥・道南に出現する「防御性集落」と、北東北・北海道を舞台とした活発な交易活動である。

防御性集落とは、集落のまわりに環濠《かんごう》をめぐらしたり、高い山や丘陵上に集落を営んだりしたもので、弥生時代の環濠集落・高地性《こうちせい》集落と同じ形態のものである。現在確認されている遺跡は約一〇〇。実際にはその数倍にのぼるとみられる。そして、弥生の環濠集落・高地性集落が、稲作農耕開始による生産力

林ノ前遺跡出土遺物

▼**鉋屋部・仁土呂志部・宇曾利部**　鉋屋部は現在の青森県三戸《さんのへ》・八戸地域、仁土呂志部は上北《かみきた》地域、宇曾利部は下北《しもきた》地域に比定される。

の飛躍的発展と「富」の形成によって弥生の社会が集落間の統合をめざす「戦争の時代」に突入したことを示していたように、防御性集落の登場も、北の蝦夷《えみし》社会が同様の歴史段階にはいったことをものがたるものであった。

『陸奥話記』には、現在の青森県の太平洋岸に鉋屋部《かなやぶ》・仁土呂志部《にとろし》・宇曾利部《うそり》▲という蝦夷のムラの連合が形成されていたこと、それが鉋屋部の首長安倍富忠《とみただ》のもとに統一され、一〇五七(天喜五)年には国守《こくしゅ》源頼義の働きかけで安倍頼時の軍勢と戦って、頼時を戦死させたことが記されている。この富忠の本拠とみられる八戸《はちのへ》市の林ノ前《はやしのまえ》遺跡は、標高一二〜四六メートルの丘陵上に構築された全長三五〇メートル以上の巨大防御性集落で、推定人口は三〇〇〜四〇〇人。遺跡からは大量の鉄製馬具《ばぐ》や馬骨、鉄製武具《ぶぐ》、土師器《はじき》・陶器《とうき》など豊富な遺物が出土した。しかも十一世紀半ばの北奥では、こうした巨大防御性集落を盟主とする地域的ムラ連合が、外ケ浜《そとがはま》・北津軽・南津軽などにも生まれていた。

北緯四〇度以北の地のこうした社会発展をもたらしたのは、十世紀以降のこの地における馬産・稲作・製鉄・製塩など生業のめざましい発展と、交易の活発化であった。そして、その交易のネットワークは、北奥羽・道南はもとより、

北方交易の交易品　水豹皮(アザラシの皮、上)と鷲羽(オオワシ・オジロワシの尾羽、下。写真は江戸時代のもので鷲羽以外も含む)。

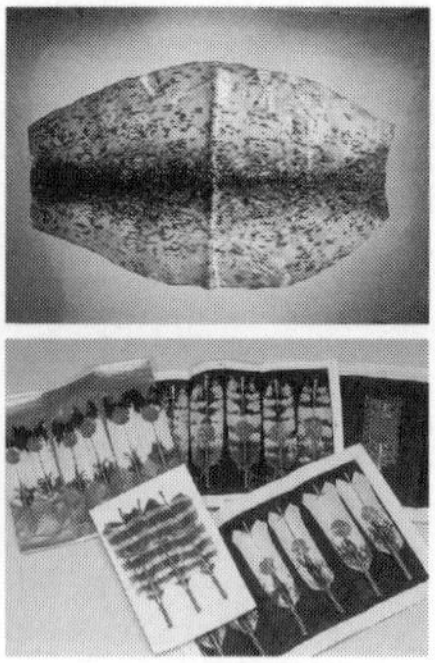

新田(1)・林ノ前遺跡の立地

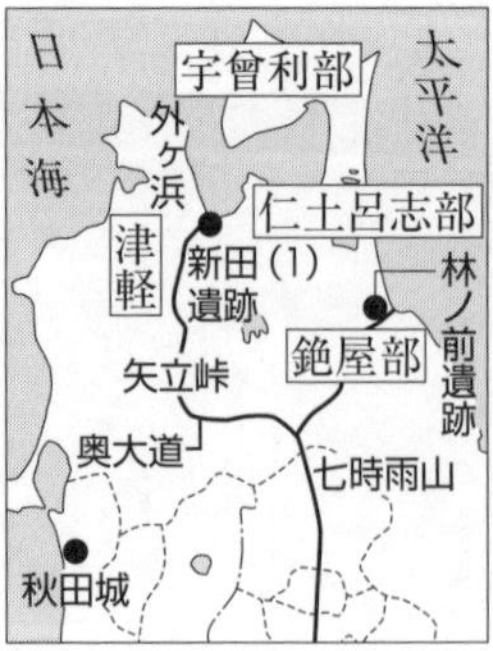

▼新田(1)遺跡　青森市新田、新城《しんじょう》川河口から二キロ上流の河岸段丘上にある十〜十二世紀を中

北海道の奥地(道東・道北)から、遠くサハリン島にまでおよんでいた。たとえば金とならぶ奥州の特産物である馬は、北奥の糠部《ぬかのぶ》や久慈《くじ》・閉伊《へい》地方が主産地であり、朝廷の儀式用の品として珍重された鷲羽《わしのはね》・水豹《すいひょう》皮・貂《てん》皮も、道央の勇払《ゆうふつ》や道東・サハリンをおもな産地とし、北奥津軽を産地とする鉄・鉄製品などとの交易を介して南の日本国にもたらされたものだった。

そして、この北の「蝦夷《えみし》の地」と日本国側との交易を管轄した機関が、ほかならぬ鎮守府と秋田城であった。この北方交易は、鎮守府・秋田城の機能が強化された十世紀以降、本格的な発展をとげ、北奥・北海道の産物が「交易」という形で恒常的に貢進される交易貢納制のシステムが形成される。しかも本州の北端、陸奥湾に面する外ヶ浜には、交易の場となる鎮守府の出先機関的な機能を担った集落が形成され、付属の港湾や鎮守府・陸奥国府をへて京都にいたるのちの奥大道の前身となる交通路も整備されていった。二〇〇三(平成十五)年、青森市石江《いしえ》地区でみつかった新田《にった》(1)遺跡▲は、まさにそうした遺跡であった。

だが、この交易をめぐっては、発展期にはいっていた蝦夷社会とのあいだでトラブルがたえず、しばしば「蝦夷の乱」が発生した。そのため中央政府は、十心とする遺跡。国府や城柵で出土するのと同様の檜扇《ひおうぎ》、祭祀《さいし》遺物(物忌札《ものいみふだ》・斎串《いぐし》・形代《かたしろ》)、仏像、荷札状木簡《もっかん》などの木製品が大量に出土した。

▼**平貞盛・維叙・維良・永盛**　桓武平氏。貞盛は国香《くにか》の子。平将門《まさかど》を討ち中央軍事貴族の地位を確立。鎮守府将軍(九四七年ごろ)、陸奥守(九七四年任)。維叙は貞盛の子、陸奥守(九九四年ごろ)。維良は貞盛の弟繁盛《しげもり》の子兼忠《かねただ》の子息、鎮守府将軍(一〇一四〜一六年ごろ)。永盛は維叙の子、鎮守府将軍(一〇一九年ごろ)。

▼**源満政**　清和源氏。経基《つねもと》の子、満仲《みつなか》の弟。陸奥守(九九八年任)。

▼**藤原文條・兼光・頼行**　秀郷流藤原氏。文條(文脩)は秀郷の孫で千常《ちつね》の子、鎮守府将軍(九八八年任)。兼光は文條の子、鎮守府将軍(一〇〇〇年ごろ)。頼行は兼光の子、鎮守府将軍(一〇二七年ごろ)。

世紀以降、あらたな北方支配政策として桓武平氏《かんむへいし》・清和源氏《せいわげんじ》・秀郷流藤原氏の軍事貴族や武名の高い貴族を鎮守府将軍や陸奥守に任命し、さらに坂東《ばんどう》諸国に本拠をおく「兵《つわもの》」を奥羽に送り込んで、強力な軍事支配を行う政策をとった。現在残る記録からも、十世紀半ば以降、平貞盛《さだもり》▲、平維叙《これのぶ》▲、源満政《みつまさ》▲らが陸奥守、平貞盛、藤原文條《ふみえだ》(文脩《ふみなが》)▲、藤原兼光《かねみつ》▲、平維良《これよし》▲、平永盛《ながもり》▲、藤原頼行《よりゆき》▲らが鎮守府将軍に補任されたことが確認できるし、九四七(天暦《てんりゃく》元)年、「狄坂丸《てきさかまる》」が鎮守府使者一行を殺害する事件が起こったこと、九七四(天延《てんえん》二)年にも大規模な蝦夷反乱が勃発し、朝廷は平貞盛を陸奥守に任命、追討にあたらせたことが知られる。こうした十世紀の蝦夷反乱の延長線上に、やがて十一世紀の後半、北奥羽全域をゆるがした大乱、前九年・後三年合戦が勃発するのである。

前九年合戦の勃発

　十一世紀前半の一〇二〇年代後半、北奥社会にその後の大乱勃発の導火線となるあらたな動きが起こった。一〇二八(万寿《まんじゅ》五)年まで任にあった藤原頼行(秀郷の玄孫)以後、鎮守府将軍の補任が一時中断したことである。この結果、鎮守府は、一〇五三(天喜元)年、陸奥守源頼義が鎮守府将軍を兼任するまで、二五年にわたって長官不在の状態が続く。十世紀前半以来一世紀にわたる軍事貴族の北奥派遣が、奥州の地にさまざまなひずみとトラブルをもたらしており、その結果とられた融和政策であったとみられる。

鎮守府将軍不在の影響は大きかった。それは鎮守府の事実上の最高責任者の地位を筆頭在庁の安倍氏が占めるようになったからである。そうした地位上昇のうえに、一〇三六(長元《ちょうげん》九)年、安倍氏の当主忠良《ただよし》(忠好《ただよし》、頼良＝頼時の父)は陸奥権守《ごんのかみ》に任命される(『範国記《のりくにき》』長元九年十二月二十二日条)。そして、おそらくこの時期、安倍忠良はその本営を、安倍氏本来の本拠地である鎮守府近辺の鳥《との》海柵《みのさく》から、奥六郡の南の境界衣川の北岸に移した。衣川柵である。同じころ、関山丘陵にあった衣の関も廃止され、安倍氏の衣川柵が関所《せきしょ》の機能をもって「衣川関」と呼ばれるようになった。さらに衣川の南方八キロ、一関《いちのせき》盆地の磐井《いわい》川沿いにも安倍氏の城館、小松柵《こまつのさく》や石坂柵《いしざかのさく》がつくられた。それは安倍氏の勢力が奥六郡を越え、南の国府管轄地域に大きく進出したことを意味していた。同じ状況は出羽国の秋田城でも起こっており、筆頭在庁の清原氏が、秋田城軍

▼**『範国記』**　桓武平氏高棟王《たかむねおう》流。参議平親信《ちかのぶ》の孫で、後一条《ごいちじょう》・後朱《ごす》雀《ざく》天皇の蔵人《くろうど》をつとめ関白藤原頼《より》通《みち》にも近侍した平範国《のりくに》の日記。一〇三六(長元九)年四月～十二月の記事が現存する。

▼**鳥海《とのみ》柵**　岩手県胆沢郡金ケ崎《かねがさき》町の鳥海A・B遺跡と西根《にしね》遺跡に比定される。

▼**衣の関と衣川関**　「衣の関」は十世紀半ば～十一世紀初めの文献にみえ、その後「衣川関」が登場する。両者は別の施設とみられ、衣の関は関山南麓に、衣川関は「衣の楯」「衣川楯(柵)」と同じもので、衣川北岸の奥州《おうしゅう》市下《しも》衣川地区に比定される。

北方上空からみた関山丘陵・衣川・衣川遺跡および平泉方面

長者原廃寺跡　寺域を囲む築地塀・本堂・南門の跡などがみつかり，安倍氏時代の官寺的性格をもった寺院跡と推測されている。正面の山は関山《かんざん》。かつての奥大道《おくだいどう》が寺の西側(写真右側)をとおる。

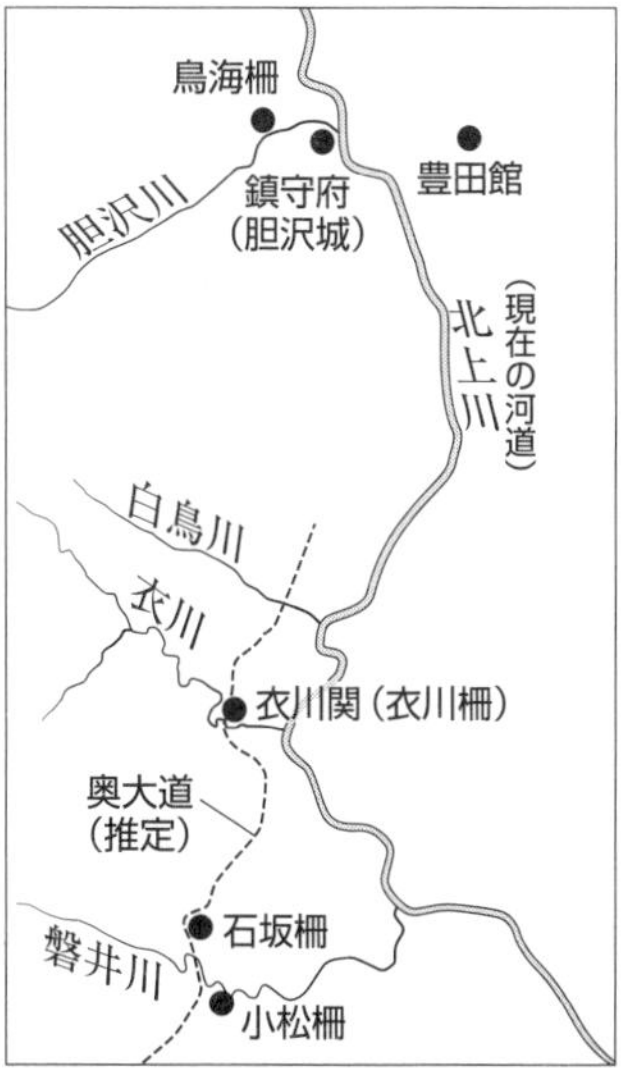

鎮守府・鳥海柵と衣川関・石坂柵・小松柵(一部推定を含む)

『前九年合戦絵詞』（国立歴史民俗博物館本）　陸奥へ進発する源頼義の軍団。

管区の雄勝・平鹿・山本・秋田・河辺の五郡の支配者、かつ秋田城の事実上の最高責任者の地位を占めるようになっていった。

だが、こうした政府の政策は、国司と現地豪族との力のバランスを変え、北の辺境にあらたな火種を生み出すもととなる。そしてこの矛盾は、鎮守府管轄下の北奥「蝦夷の地」で起こった蝦夷反乱をきっかけに、一〇五一（永承六）年、陸奥守藤原登任と安倍頼良（頼時）との軍事衝突勃発、登任軍の大敗となって爆発した。前九年合戦の始まりである。

厨川柵の敗戦から清原武貞の継子へ

前九年合戦の勃発は朝廷を驚愕《きょうがく》させた。その結果、武勇の誉れの高かった河《かわ》内《ち》源氏の源頼義が追討将軍として陸奥守に任命され、奥州に赴任する。さらに一〇五三（天喜元）年、頼義は鎮守府将軍を兼任し、奥州の地には一転してかつてない強大な軍事権力が出現することになった。

ところが、頼義赴任直後の一〇五二（永承七）年五月、上東門院《じょうとうもんいん》藤原彰子《あきこ》病気平癒祈願の大赦《たいしゃ》があり、安倍頼良の陸奥国司との交戦の罪は赦《ゆる》されることになった。頼良が国守頼義と同名であることを憚《はばか》って頼時と改名したのは、このときのことである。しかし、こうしていったんおさまった戦いも、一〇五六(天喜四)年七月、北奥への勢力拡大の野望をもつ頼義の謀略によって藤原光貞《みつさだ》・元貞《もとさだ》野営襲撃事件がでっち上げられ、さらに頼義の挑発▲で頼時は国守頼義との戦いに踏み切らざるをえなくなる。

清衡の父と母の結婚がいつ行われたのかはわからない。ただ、清衡の誕生が合戦再発の年である天喜四年であったことを考えると、二人の結婚は頼時(頼良)が大赦で許された永承七年以降、前九年合戦再発の前年＝天喜三年までのあいだ(一〇五二〜五五)であった可能性が大きい。『尊卑分脈《そんぴぶんみゃく》』▲によると、経清には清衡のほかに経元《つねもと》▲という子がいた。経元の「経」が父経清の名の一字をとったものであることは明らかで、だとすると、経元の元服は父経清の生存中のことであって、当然、清衡より年長であり、彼が経清の長子かつ亘理郡司を継ぐべき嫡子であったことになる。おそらく経清にとって、清衡の母との結婚は初婚ではなく、前九年合戦の勃発、追討将軍源頼義の下向、頼良(頼時)の赦免《しゃめん》という状況のなかで、一種の政略的な結婚として行われたものであったろう。二

▼**頼義の謀略と挑発**　頼義は鎮守府を訪れた帰途、国衙在庁官人の藤原光貞と共謀して光貞の野営が襲われたと主張、さらに、犯人を頼時の長子貞任と決めつけて、弁明の機会をあたえず一方的に貞任を処罰しようとした。

▼**『尊卑分脈』**　諸氏系図の集成。左《さ》大臣洞院公定《とういんきんさだ》が一三七六〜九五(永和《えいわ》二〜応永《おうえい》二)年に編集、その後追補・改訂が行われた。

▼**藤原経元**　『陸奥話記』所収の康平五(一〇六二)年十二月十七日陸奥国解には、経清とともに斬首された人物として藤原経光《つねみつ》の名がみえる。元と光の草書体の類似からみて、経元と経光は同一人物の可能性が高い。

衣川古戦場跡　正面の山が関山。

▼小松柵の戦いから厨川柵の戦いまで　八月十七日、小松柵陥落。九月五日、貞任軍と頼義・清原連合軍の決戦、貞任軍敗北。六〜七日、衣川関の戦い。十一日、鳥海柵占領。十五日、厨川柵包囲、十七日、連合軍総攻撃、厨川柵陥落。

人の年齢差も大きかったと思われる。一方の安倍氏側にとっても、国府の有力な武士でトップクラスの在庁官人であった藤原経清との婚姻関係成立は、国司側との和解を象徴する意味をもっていたはずである。

だが運命の皮肉か、清衡の誕生は合戦の再発と祖父頼時に対する追討宣旨の発布で迎えられることになった。しかも安倍氏側の圧倒的優勢で進んだ戦況も、一〇六二(康平五)年七月の清原氏の参戦で一変。八月十七日に始まる磐井郡小松柵の戦いから、九月十七日の厨川《くりやがわ》柵の陥落までの一カ月間の戦闘▲で安倍方は完全に敗北。安倍一族は戦死あるいは降伏し、父経清も鈍刀《どんとう》で斬首という残酷な刑に処された。異母兄経元も厨川で戦死するか、処刑されたであろう。このとき清衡は数え年七歳(満六歳)。

しかし清衡の数奇な人生は始まったばかりであった。厨川柵の敗戦ののち、生き残った安倍一族の男子は西国《さいごく》に流刑となり、奥六郡には鎮守府将軍に任命されあらたな「奥六郡の主」となった清原武則が一族を率いて乗り込んできた。そしてまだ若かった清衡の母は、安倍一族を代表する女性として武則の嫡子武貞の後妻に迎えられ、幼い清衡も助命されて、武貞の子として遇されることに

安倍氏・清原氏略系図

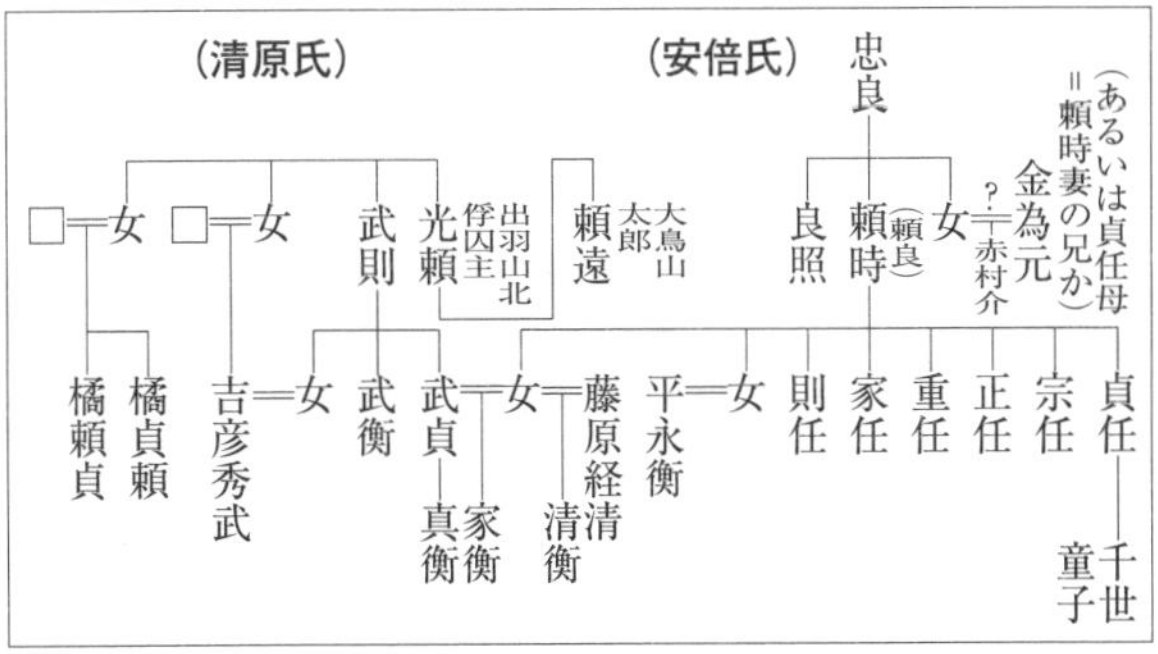

なった。それは彼にとってともかくも幸運なことであった。

この間、清衡は、一二歳から一三歳にあたる一〇六七(治暦《じりゃく》三)年から六八(同四)年ころ、元服《げんぶく》して清衡と名乗った。義兄真衡と同じ「衡《ひら》」の字をもつ、継父清原武貞の子としての名である。また、母と武貞とのあいだには弟家衡《いえひら》が生まれた。さらに『奥州後三年記』によれば、清原氏時代の清衡の側近には「清衡之親族重光《しげみつ》」や重光の兄弟とみられる重宗《しげむね》という人物がいた。「親族」という表現からみて彼らは父経清の近い一族であった可能性が高い。清原氏時代の清衡は、母やこれらの親族に囲まれ、京下りの名門武士で国府のトップクラスの在庁官人であった父の残した人脈に支えられて、成長していったのである。

延久合戦と清原真衡政権

清衡が元服したころ、時代は大きく変わりつつあった。一〇六八(治暦四)年四月、摂関家と外戚《がいせき》関係のない後三条《ごさんじょう》天皇▲が即位し、延久《えんきゅう》の新政と呼ばれる政治改革を開始したからである。後三条はみずからが平安《へいあん》王朝を開いた桓武天皇の再来であり、あらたな王統の創始者だという強烈な自負をもっていた。そ

▼**後三条天皇**　一〇三四〜七三年。後朱雀天皇第二皇子。在位一〇六八〜七二年。摂関家を外戚にもたず、一連の政治改革を断行。

津軽海峡を隔てて北海道を望む
龍飛崎上空より。

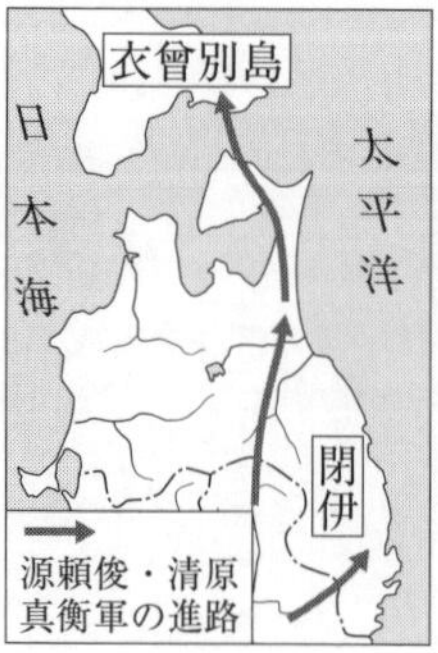

延久合戦の舞台（一部推定を含む）

▼**源頼俊**　生没年不詳。源満仲次男頼親《よりちか》の二男頼房《よりふさ》の長男。検非違使左衛門尉《けびいしさえもんのじょう》。祖父頼親の養子として大和源氏の惣領となる。

して後三条の新政には、桓武にならった二つの柱があった。平安宮＝大内裏《だいだいり》の再建と、「東夷征討」の実施である。

　この後三条の期待を担って一〇七〇（延久二）年に実行されたのが、源義家の又従兄弟で大和《やまと》源氏の惣領《そうりょう》であった陸奥守源頼俊《よりとし》▲を大将軍に、清衡の義兄清原真衡（武貞の嫡子）を副将軍に行われた、北方征討の一大軍事作戦であった。延久合戦と呼ばれる戦いである。きっかけは一〇六八〜六九（治暦四〜延久元）年ごろに起こった「衣曾別嶋《えぞべつじま》荒夷《あらえびす》《えぞ》」の反乱であった。衣曾別嶋とはエゾの別島（離島）の意味で、北海道をさし、反乱の舞台は道南から噴火湾《ふんかわん》一帯にかけての太平洋側と推測されている。この結果、頼俊指揮下の兵船が津軽海峡を渡って道南の「荒夷」の拠点を攻撃する作戦が実行されることになった。あわせて本州北部太平洋側の「閉伊《へい》七村山徒」の平定をめざした作戦も行われた。その前年の一〇六九年五月、後三条は国家の武神石清水《いわしみず》八幡宮に大般若経《だいはんにゃきょう》を奉納し、「東夷征討」を祈願している。

　だが、この延久合戦は、隣国下野《しもつけ》国の国守として赴任していた頼俊のライバル＝河内源氏の惣領源義家の妨害工作によって失敗する。義家の調略により国守頼俊留守中の陸奥国府で在庁官人藤原基通《もとみち》が謀叛《むほん》を起こし、国府の印鎰《いんやく》(国司の印と正倉《しょうそう》を開ける鍵)を奪って、義家のもとに逃亡したからである。報を受けた朝廷の命で頼俊は国府に呼び戻され、「東夷征討」は中途で打ち切られた。しかし、頼俊召還のあとを受けた副将軍清原真衡率いる軍勢は一定の成功をおさめ、北奥太平洋側の平定を達成する。後三条の朝廷は恩賞《おんしょう》として真衡を鎮守府将軍に任命し、平定した北方地域の支配権をあたえた。

それだけではない。祖父武則に孫真衡を加えた二代にわたる鎮守府将軍任命は、清原氏が奥羽の在地豪族でありながら、奥州の鎮守府将軍家、辺境軍事貴族へとその地位を急速に向上させることになった。それはかつての安倍氏を大きく超え、のちの奥州藤原氏の先駆ともいえる権力への発展であった。『奥州後三年記』はこうした真衡の勢力を「威勢父祖にすぐれて国中に肩をならぶるものなし」と記している。真衡は安倍氏の本営があった衣川に政庁をおき、奥六郡に清原氏本来の本拠地=出羽山北三郡と秋田・河辺郡をあわせた北奥羽全域を支配する政権の樹立に乗りだす。その手法も、中央から有能な人材をスタッフに招く▲一方、現在の福島県いわき地方を根拠地とする海道《かいどう》平氏▲の一族海道小《こ》

▼中央から有能な人材を招く
『奥州後三年記』によれば真衡は文筆の才にたけた真言護持僧《しんごんごじそう》「奈良法師五そうのきみ」(薬師寺《やくしじ》五僧良算《りょうさん》)を側近として重用したという。

▼海道平氏　中世の海道地方(岩城《いわき》地方)に勢力をふるった岩城・岩崎氏らの一族。常陸平氏の子孫で、十一世紀末~十二世紀初めこの地に土着した高久三郎忠衡《たかくさぶろうただひら》を祖とする。

太郎成衡《たろうなりひら》を養子とし、その妻には源頼義が常陸《ひたち》平氏の嫡流多気《たけ》権守宗基《むねもと》（致《むね》幹《もと》▲）の娘とのあいだに設けた女子を迎えるという例のないものであった。

だが、こうした真衡の拡大・膨張路線と、親河内源氏路線による当主の露骨な権力強化は、清原氏内部に大きな亀裂と分裂を引き起こした。その結果勃発したのが、清原氏一族の内紛と、この内紛に陸奥守源義家が介入した大乱、後三年合戦であった。

後三年合戦と清衡

清衡二八歳の一〇八三（永保《えいほ》三）年、事件は起こった。養子成衡の婚礼準備の最中、真衡に郎等扱いをされた一族の老将吉彦秀武《きみこのひでたけ》▲（武則の甥で娘婿）が、激怒して出羽の本拠地に戻り、叛旗《はんき》をひるがえしたのである。秀武は、江刺郡豊田《とよだの》館《たち》▲にいた清衡と、家衡に働きかけて、真衡包囲の一族連合を結成。真衡は出羽と陸奥の二正面作戦を余儀なくされ、戦線は膠着《こうちゃく》状態に陥った。

再度の奥羽の騒乱に際し、都《みやこ》の白河《しらかわ》天皇▲・関白《かんぱく》藤原師実《もろざね》▲の政府は河内源氏の嫡流源義家を陸奥守に補任し、奥州に赴任させた。九七四（天延二）年の蝦夷反

▼**常陸平氏・多気権守致幹**　桓武平氏。平貞盛の弟繁盛の子維幹《これもと》を祖とする。常陸における国香以来の勢力を継承し、国衙筆頭在庁として常陸国南部に強大な勢力を形成した。本宗家《ほんそうけ》は筑波《つくば》山麓の多気（つくば市北条《ほうじょう》）を本拠とした多気氏で、致幹は維幹の曽孫。

▼**吉彦秀武**　生没年不詳。出羽山本郡荒川《あらかわ》を本拠とし荒川太郎を称す。吉彦氏はエミシ系豪族吉美《きみ》侯部《こべ》氏の流れをくみ、秀武は母と妻の縁から清原武則一家の有力武将となって、前九年合戦で頼義・清原連合軍の第三陣を率いた。

▼**江刺郡豊田館**　三二ページ参照。

▼**白河天皇**　一〇五三〜一一二九年。後三条天皇第一皇子。在位一〇七二〜八六年。譲位後上皇《じょうこう》として院政《いんせい》を行い、堀河《ほりかわ》・鳥羽《とば》・崇徳《すとく》の三代四〇年余にわたって権勢をふるった。

▼**藤原師実**　一〇四二〜一一〇一年。摂政《せっしょう》・関白。頼通の子。一〇七五(承保《じょうほう》二)年、関白教通《のりみち》死後、白河天皇の関白となる。一〇九四(嘉保《かほう》元)年辞任。

『後三年合戦絵詞』　義家軍，雁の列の乱れに伏兵を知る。

乱や前九年合戦の際の前例を追ったものである。だが、この政策が、前九年合戦のときと同様、ふたたび大乱を引き起こす原因となる。

国守義家の赴任をえた真衡は、早速義家の支持を取りつけ、出羽作戦に全力を集中する。しかし、その直後、出羽遠征の陣中で真衡が突如「頓死《とんし》」するという事件が発生した。状況は一変。清衡・家衡は国守義家に降伏し、騒乱はいったん沈静化するにいたった。義家は奥六郡を分割し、鎮守府を含む南三郡(胆沢・江刺・和賀)を清衡に、北三郡(稗貫・志波・岩手)を家衡にあたえた。この結果、北奥羽に大勢力を形成しつつあった清原氏勢力は二分され、その上に陸奥守で武門源氏の棟梁義家が君臨する形となる。頼義以来の野望がかない、河内源氏は坂東に続いて奥羽にもその勢力の基盤を形成したかにみえた。

だが、三年後の一〇八六(応徳《おうとく》三)年、義家に対して正面から反抗が起こった。六郡分割に不満の家衡が義家と結ぶ清衡を襲撃し、清衡の妻子(妻は清原氏の女性か)を殺害、その結果、対立は義家・清衡と家衡の衝突に発展したのである。家衡は当時二十二、三歳。さらに一〇八六年冬の出羽山北の沼柵《ぬまのさく》の戦いで家衡が義家軍を破ると、陸奥国にいた叔父武衡《たけひら》(武貞の弟)も家衡に合流し、山北金《かな》

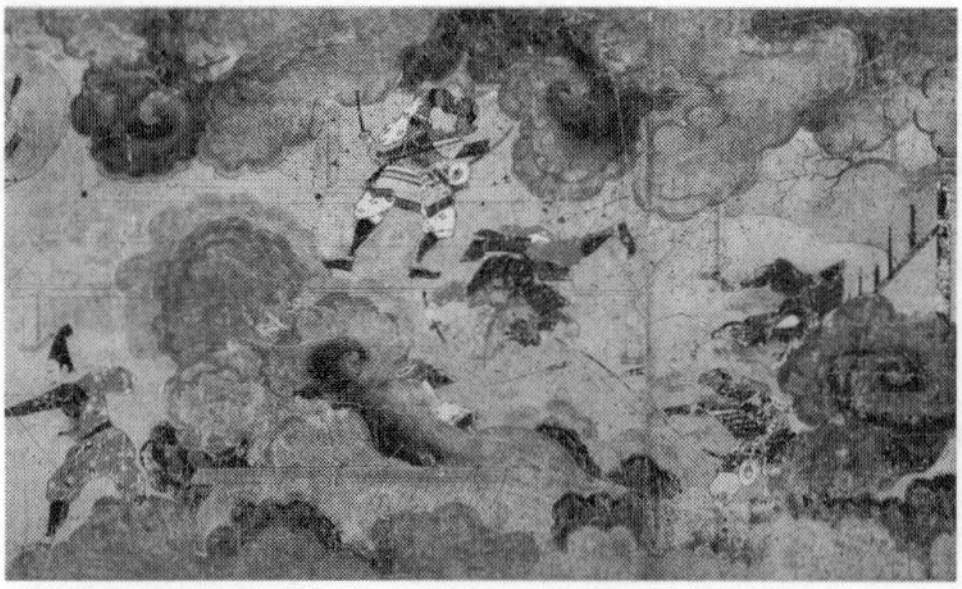

『後三年合戦絵詞』　金沢柵の陥落。

金沢柵跡（秋田県横手《よこて》市）

沢柵《ざわのさく》を拠点に義家に真正面から戦いを挑んだ。

こうした清原一族の姿勢の背景にあったのは強烈な「奥羽自立」の意識であった。『奥州後三年記』は、乱の初期、国守義家の奥州赴任に直面して、戦いを続けるかどうか、清衡・家衡陣営のなかで議論が起こったとき、「清衡之親族重光」が「一天の君といえども恐るるべからず、いわんや一国の刺史《しし》においてをや」と述べたと記している。

ただ、清衡の姿勢は複雑で不鮮明なものがあった。彼はこの戦いで義家軍に加わり、金沢柵包囲戦では一陣を構えた。とはいっても、清衡の活動はほとんど記録されていない。この時期、京都では奥羽における義家の行動が問題化し、義家の解任も検討されたようである。こうした情勢のなかで、清衡は義家と手を結びながら、一族内戦への関わりを最小限にとどめる姿勢をとった。

一〇八七（寛治《かんじ》元）年十一月十四日夜、金沢柵は陥落し家衡・武衡は殺された。長期の包囲にあった城内は食糧がつき、落城の際は虐殺・掠奪が横行して、地獄絵さながらであったと『奥州後三年記』は伝える。清衡ときに三二歳。

清衡の情勢判断は的確であった。戦乱平定を述べ、家衡・武衡追討の官符《かんぷ》発給と恩賞を求める義家の国解《こくげ》は、十二月二十六日、京都に到着したが、その一カ月後、朝廷がくだしたのは、義家の陸奥守を解任して藤原基家《もといえ》▲を任命するという決定だった。しかも、国司交替の手続きも完了しないまま、急ぎ交替が行われるという異例さであった。義家は都への帰還を命ぜられ、憤懣《ふんまん》をいだきつつ「首を道に捨てむなしく京へのぼ」ったのである。

清衡の苦闘とあらたな時代の到来

かくして清衡は清原氏本宗家唯一の生存者となった。だが、真衡の拡大・膨張路線によって大きくなった「清原の遺産」はあまりにも巨大であった。それは鎮守府・秋田城の現地最高責任者として北奥羽全域を支配するとともに、それ以北に広がる「蝦夷《えぞ》の地」(本州北端と北海道)をも管轄する地位であった。しかも、清原一族の深刻な内部抗争はこの北方支配システムを混乱させ、その全遺産を清衡がスムーズに継承するのを困難にしていた。義家の陸奥守解任があった一〇八八(寛治二)年正月から、清衡の平泉進出が行われた康和《こうわ》年間▲(一〇九九〜一一〇四)まで、一五年近い年月がかかっていることがそれを示す。

▼**藤原基家**　生年不詳。北家道《みち》綱《つな》流。大納言《だいなごん》道綱の孫で父は参議兼経《かねつね》。陸奥守在任中の一〇九三(寛治七)年、任国で死去。

▼**清衡の平泉進出の年代について**　『吾妻鏡』文治五(一一八九)年九月二十三日条は清衡の平泉進出を「去康保《こうほう》年中」と記すが、康保(九六四〜九六八)では年代的にあわないので、写本作成の際の嘉保(一〇九四〜九六)か康和(一〇九九〜一一〇四)の誤りとみられ、「和」と「保」の草書体の類似や時代状況から判断して、「康和年中」が正しいと考えられている。

　こうしたなか、清衡は北奥羽における清原勢力の継承と、奥州での安定した地位の獲得のため全力を傾けた。また並行して、摂関家・山門《さんもん》(延暦寺《えんりゃくじ》)という聖・俗の中央権門との提携にも力をつくした。これは安倍・清原氏にはみられない清衡のあらたな政治路線であった。一〇九一(寛治五)年十一月、清衡は関白藤原師実に馬二疋《ひき》を進上した。摂関家に対する奥州藤原氏最初の貢馬《こうば》であり、この貢馬に始まる一連の折衝によって、清衡は奥羽の摂関家領荘園▲のうち陸奥中部三荘(高鞍《たかくら》・栗原《くりはら》・本良《もとよし》)などかなりの部分の現地管理者の地位を手にいれたとみられる。継父武貞の清原姓から実父経清の藤原姓への改姓を行ったのも、同じ時期だったらしい。さらに、一〇九五〜九八(嘉保《かほう》二〜承徳《じょうとく》二)年に陸奥守であった源有宗《ありむね》▲の任中には、比叡山《ひえいざん》延暦寺で行われる千僧供養《せんそうくよう》▲の費用にあてる名目で国衙《こくが》領の田地を取り込み、「保《ほ》▲」を立てはじめた。こうした清衡の戦略は、そのまま関山山上への比叡山直系の天台宗《てんだいしゅう》寺院中尊寺の建立《こんりゅう》と、山門勢力と提携した人・モノ・文化のネットワーク形成へと進んでゆく。それはやがて都市平泉を支える基盤となるものであった。

　そして、この時期、清衡はあらたな正室を迎えた。藤原氏当主の婚姻のあり

▼**奥羽の摂関家領荘園**　陸奥中部に高鞍・栗原・本良荘、陸奥国会津《あいづ》に蜷河《にながわ》・長江《ながえ》荘、出羽中部に遊佐《ゆさ》荘、出羽南部に小田島《おだじま》・寒河《さが》江《え》・大曾禰《おおそね》・屋代《やしろ》・成嶋《なるしま》荘。

▼**源有宗**　生没年不詳。村上源氏為平《ためひら》親王流。為平親王の曽孫で資定《すけさだ》の子。

▼**千僧供養**　千部法華経《せんぶほけきょう》供養・千壇阿弥陀《せんだんあみだ》供養など、一〇〇〇人の僧を招いて行われる法会《ほうえ》。数日を要する大規模な行事で、行うことができたのは院や摂関などの権力者に限られた。

▼**保**　国衙領の一つ。郡郷を経由せず国衙に直接納税を行う地として設けられた別符《べっぷ》の一種。国司が権門・官司の開発申請を承認することで立てられ、村や山野を含む領域であるのが特徴。

▼**吉田清幹**　生没年不詳。常陸平氏。重幹《しげもと》(繁幹)の次男、兄は多気権守致幹。吉田郡(水戸《みと》市を中

心とした地域)を中心に久慈川《くじがわ》以南の常陸東部を支配した。

▼**検非違使源義成と佐竹昌義**　検非違使源義成と清衡妻との結婚は『長秋記《ちょうしゅうき》』大治《だいじ》五(一一三〇)年六月八日条にみえる。源義成とは義家の弟義光の長子義業《よしなり》のことで、『尊卑分脈』によれば義業の長子が常陸北部の豪族佐竹氏の祖昌義、昌義の母は常陸平氏の吉田清幹の娘とされており、義業妻＝昌義母と清衡妻「北方平氏」は同一人物とみられる。

▼**平師妙**　?〜一〇九四年。『陸奥話記』にみえる出羽国人で藤原経清《つねきよ》の外甥であった平国妙《くにたえ》(「平《へい》不負《ふぶ》」と呼ばれた)の近い一族か。

▼**出羽守信明**　生没年・系譜上の位置ともに不明。

▼**源義綱**　?〜一一三四年。源頼義の次男。賀茂次郎《かものじろう》と称し、兄義家と権を争った。義家の子義忠《よしただ》殺害の嫌疑で追討を受け没落。

方からみて、藤原氏と対等な地位をもつ南奥ないし隣国の有力武士団の女性であったことはまちがいない。それは清衡と妻の実家との同盟関係の締結でもあった。さらに彼女の死後、清衡は常陸平氏の一族吉田清幹《よしだきよもと》▲の娘を三度目の正室に迎える。「紺紙金銀字交書一切経《こんしきんぎんじこうしょいっさいきょう》」奥書(現、高野山《こうやさん》蔵)や金色堂《こんじきどう》の棟札《むなふだ》に「北方《きたのかた》平氏」「女檀《にょだん》平氏」と記される女性で、清衡の死後は上洛《じょうらく》し、源義光《よしみつ》の子検非違《けびい》使《し》義成《よしなり》(義業)と再婚、佐竹《さたけ》氏の祖となる昌義《まさよし》▲を生んでいる。

だが、奥羽の地では、後三年合戦後も容易に平和は回復せず、不穏な情勢が続いた。一〇九二(寛治六)年六月、陸奥守藤原基家は清衡が合戦を企てているとの報告を朝廷に上申している。翌一〇九三(寛治七)年五月には、出羽国で在庁官人平師妙《もろたえ》▲と国守信明《のぶあき》▲が衝突し、国司館《たち》が焼き討ちされる事件が起こった。この事件は、十月、義家の弟源義綱《よしつな》▲が陸奥守に任命され、師妙らが追討される事態に発展する。しかし義綱は在任一年余で美濃《みの》守に転任。源氏の奥羽に対する野心を警戒した朝廷の判断であろう。この間、清衡の立場は中央政府からみれば北奥の地の不法占領者であり、追討使を派遣される危険もあったらしい。

情勢の変化は、一〇九五(嘉保二)年正月、源義綱にかわって文官貴族源有宗

▼**藤原実宗**　生年不詳。北家小《お》野宮《ののみや》流。右《う》大臣実資《さねすけ》の養子資平《すけひら》の曽孫で、資宗《すけむね》の子。陸奥守在任中の一一〇三(康和五)年十月死去。

奥州藤原氏系図

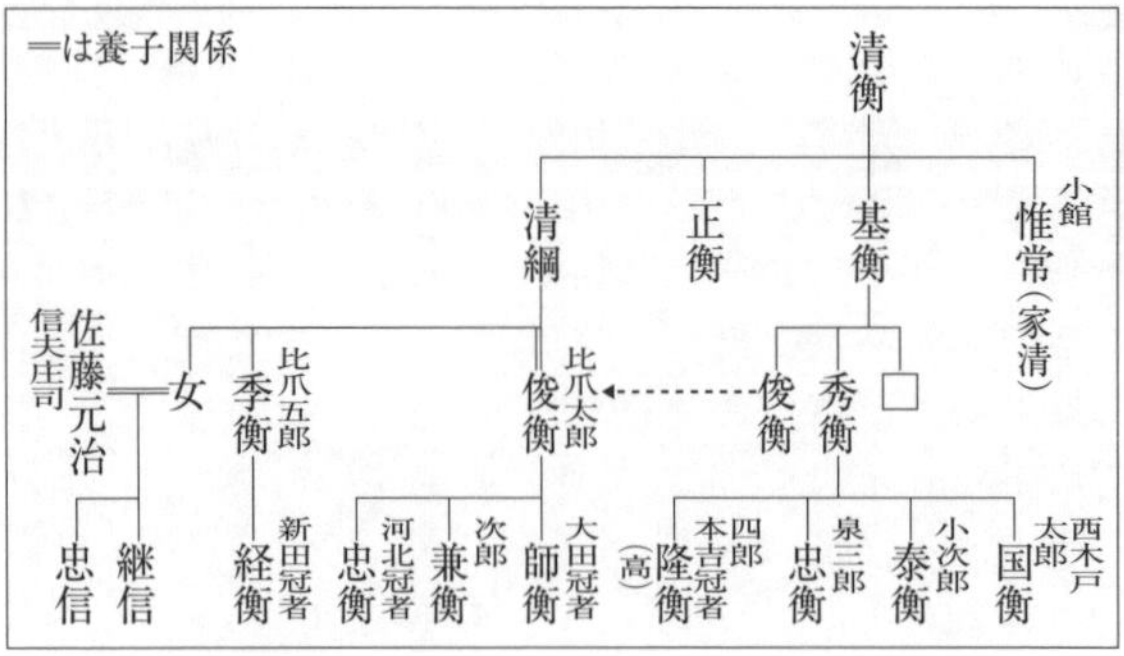

が陸奥守に任命されたことに始まる。とくに画期的な意味をもったのが、一〇九九(康和元)年九月、同じく文官の藤原実宗《さねむね》▲が陸奥守に補任され、三カ月後、鎮守府将軍をかねたことであった。以後、陸奥守が鎮守府将軍を兼任し文官貴族が任命されるのが先例となる。

「奥の御館」藤原清衡誕生

藤原実宗の陸奥守・鎮守府将軍補任は、奥羽に対する朝廷の大幅な政策転換を示すものであった。それはまず、陸奥守や鎮守府将軍・出羽城介など奥羽の受領に軍事貴族を補任し、強力な軍事支配を行うという、十世紀以来の奥羽政策の最終的な放棄であった。前九年・後三年の二つの大乱と、そのなかでの河内源氏源頼義・義家の急速な勢力拡大が、理由だったことはいうまでもない。

もう一つは、北奥羽を支配する清衡の勢力が事実上承認されたことである。実はこれ以前、十一世紀半ばに出羽城介の任命が行われなくなり、前九年合戦後は出羽山北の清原氏が「奥六郡の主」となって鎮守府将軍にも任ぜられた結果、現地では鎮守府の支配者が同時に秋田城を管轄するというシステムが成立していた。後三年合戦後、清衡はこの地位を引き継ぐ。文官貴族藤原実宗の陸奥守・鎮守府将軍兼任とは、こうした清衡の勢力を既成事実として承認し、その力に依拠しながら中央から派遣された貴族が国司として君臨するという、あらたな奥羽支配体制の成立を意味するものであった。

　そして、おそらくこのころ、清衡は実宗の推挙で陸奥押領使《おうりょうし》に補任された。陸奥押領使とは「奥六郡」以南の陸奥国府管轄地域の軍事・警察を担当する職で、以後この地位は奥州藤原氏が中奥・南奥へ勢力を伸張する足がかりとなる。

　当時の中央政府は、一〇九九(承徳三・康和元)年六月、関白藤原師通《もろみち》▲が急死し、白河上皇の勢威が急速に増大していたときであった。一方、東国各国では、佐竹氏、越後城氏《えちごじょうし》▲など、奥州藤原氏と同様の「豪族的領主層」が登場し、彼らの勢力に依拠した支配体制が形成されつつあった。しかもこの時期、都では東国社会に基盤をもつ河内源氏がきらわれ、伊勢《いせ》平氏に代表される貴族社会に適合した武士が重用されるようになっていた。そうした政治状況下、武士勢力を走狗《そうく》として駆使した白河院の専制政治が開始される。こうした政治情勢の変化と朝廷の北方政策の転換によって、源氏の奥羽への野望は封じられ、義家死後

▼**藤原師通**　一〇六二〜九九年。関白。師実の子。一〇九四(嘉保元)年、堀河天皇の関白となり、白河上皇をおさえて政治を行うが、九九(康和元)年、三八歳で急死。

▼**越後城氏**　十一〜十二世紀に北越後と会津を支配した豪族的領主。桓武平氏。平維茂《これもち》を祖とし、維茂の子繁成《しげなり》が出羽秋田城介に任命されたことが城姓の由来とされる。繁成の子城太郎貞成《さだなり》の次男永《なが》基《もと》の子孫が越後城氏として発展。

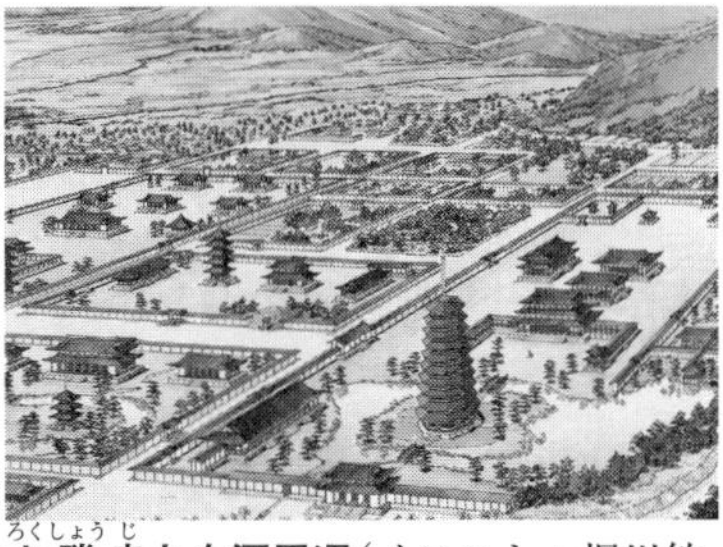

六勝寺《ろくしょうじ》と白河周辺(イラスト：梶川敏夫氏)　白河院政時代の到来を象徴した。

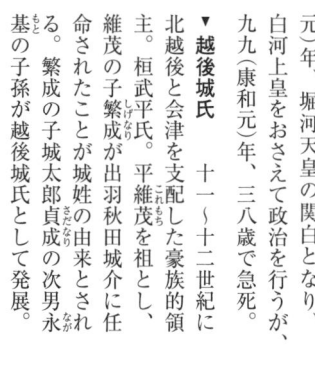

の源氏勢力凋落とあいまって、北奥羽の天地には在地勢力の独自の歩みを可能にする条件が生まれたのである。平泉北方政権への道はこうして開かれた。

かくして、陸奥守・鎮守府将軍藤原実宗の任中にあたる康和年間（一〇九九年八月〜一一〇四年二月）、清衡は国守実宗の承認のもと、江刺郡豊田《とよだ》▲から奥六郡の南の境衣川を越えた磐井郡平泉に本拠を移し、「平泉館」を営む。同時に、かつて衣の関がおかれた関山丘陵上に中尊寺造営の功を起こし、実宗死後陸奥守となった藤原基頼《もとより》▲の一一〇五（長治《ちょうじ》二）年二月、最初の伽藍《がらん》「多宝寺《たほうじ》」が完成、盛大な落慶《らっけい》法要を行った。ときに清衡五〇歳。さらにこの基頼の任中には、本州北部の蝦夷の地の平定と建郡の事業も進展し、一一〇八（天仁《てんにん》元）年ごろまでにほぼこれを達成。津軽海峡以南を直接支配下に編入するとともに、交易を通じた蝦夷ヶ島に対する管轄もいちだんと拡充・強化された。安倍氏以来の「奥六郡の主」の地位を継承し、巨大化した「清原の遺産」を掌握して北奥から蝦夷ヶ島全島を支配下におさめるとともに、中奥・南奥へも勢力を伸ばしていった「奥《おく》の御館《みたち》」▲奥州藤原氏は、ここに誕生したのである。

▼**江刺郡豊田館**　近世以来奥州市江刺岩谷堂下苗代沢《いわやどうしもなわしろざわ》（餅田《もちだ》）に比定されるが、遺構は未確認。

▼**藤原基頼**　一〇四〇〜一一二二年。北家道長《みちなが》次男頼宗《よりむね》流。父は頼宗の子右大臣俊家《としいえ》。兄の権大納言宗俊《むねとし》の子に右大臣宗忠《むねただ》がいる。陸奥守在任は一一〇三〜一一二年。『尊卑分脈』には「弓馬を嗜み鷹犬を好み、武略に達す、出羽・常陸ならびに北国の凶賊を討ち将軍の宣旨《せんじ》を蒙る」とある。

▼**奥の御館**　「館《たち》」は政庁、「御《み》館《たち》」はその主の尊称で、地方では本来国守に対する呼び名。奥州藤原氏も陸奥国の奥の地域に半独立政権を形成し「奥の御館」と呼ばれた。『吾妻鏡』は頼朝が秀衡を「奥の御館」と呼んだこと、泰衡《やすひら》の郎等由利維平《ゆりこれひら》も秀衡を「故御館」と呼んでいたことを記す。

南からみた柳之御所遺跡と高館・北上川・関山丘陵(一九九〇年)

②——平泉開府と「奥羽仏教王国」構想——初代清衡(その2)

衣川から平泉へ

衣川《ころもがわ》から平泉《ひらいずみ》へ。それは清衡《きよひら》にとって文字どおりの大きな飛躍であった。平泉と衣川を分ける衣川の川幅は三〇〜五〇メートル。しかしその南岸には嶮岨な関山《かんざん》丘陵がそびえ立ち、かつては衣の関《せき》がおかれて「奥六郡《おくろくぐん》」と国府《こくふ》管轄下の諸郡を分ける政治・軍事上の境界となっていた。清衡は陸奥国《むつのくに》を南北に分けるこの境界を越え、南に大きく開けた関山の南麓＝平泉の地に進出したのである。それは清衡が北奥の豪族から都《みやこ》や畿内《きない》・西国《さいごく》さらには大陸ともつながりをもつ「北方の王者」へと成長するために、どうしても必要な飛躍であった。この地で人生晩年の五〇代を迎えた清衡は、一一二八(大治《だいじ》三)年に七三歳で死去するまでの約二五年間、都市平泉の建設と平泉政権の発展に全力をつくす。

平泉に進出した清衡が「平泉館《たち》」を構えたのは、現在の柳之御所《やなぎのごしょ》遺跡の場所だったとみられる。この遺跡は発掘当初、三代秀衡《ひでひら》の居館跡と考えられたが、その後の調査によって初代清衡から続く奥州藤原氏三代の居館・政庁跡であった

柳之御所遺跡の出土遺物　左から，清衡時代の土高坏，白磁四耳壺，手づくねかわらけ。

可能性が高くなった。遺跡は北上川《きたかみ》に面する台地上にあり、周囲を空堀（当初二重堀とみられたが、その後の調査で堀は一重で作り替えが行われていることが判明した）で囲まれる。堀内部の大きさは、現状で東西二二〇メートル、南北三三〇メートル。中心部からは、京都風の建築とも国司《こくし》居館系の建築ともみられる大型の四面庇《しめんびさし》建物や、高床倉庫、厩《うまや》や厨《くりや》とみられる建物、庭・園池《えんち》の跡など多数の遺構がみつかったほか、平泉内では群をぬく大量の遺物が出土した。

とくに注目されたのが、宴会儀式に使用された使い捨ての食器「かわらけ」である。かわらけの約半数が在地の技法による「ロクロかわらけ」、残り半数が京都の技法を模倣した「手づくねかわらけ」で、これらが堀や溝・廃棄坑などから大量に出土した。この場所で大規模な宴会が繰り返し行われていた証拠である。また、輸入白磁《はくじ》の四耳壺《しじこ》や、当時最新の国産陶器《とうき》であった三河渥美《みかわあつみ》・尾張常滑《おわりとこなめ》窯《よう》の壺など、「威信財《いしんざい》」として使われた壺（用途は酒器）があわせて出土することも、この遺跡の特徴であった。これらの陶器や手づくねかわらけが平泉に導入されたのは二代基衡《もとひら》時代の十二世紀半ば（一一四〇年代後半）とみられるが、京都の高坏《たかつき》を模倣した土《つち》高坏など、十二世紀前半＝清衡期の宴会儀礼用の遺物も

▼**大鳥井山遺跡**（大鳥山柵跡）
秋田県横手市、横手川東岸に位置する大鳥井山の丘陵と北に隣接する小吉山《こきちやま》の台地に立地する十世紀後半〜十一世紀の城館遺跡。『陸奥話記』にみえる出羽山北俘囚主清原光頼《みつより》の子大鳥山太郎頼遠《よりとお》の居館大鳥山柵に比定されている。

大鳥井山遺跡の二重堀跡（小吉山地区）

まとまってみつかっている。この時代の武家《ぶけ》の宴会のおもな目的は、主従関係の確認の場、そして家臣団《かしんだん》全体の合意形成の場という点にあり、こうした土器・陶磁器が大量に出土することは、奥州藤原氏の政庁として平泉館が果たしていた機能を如実にものがたるものであった。

清衡時代の平泉館

もちろん柳之御所遺跡＝平泉館には九〇年間の変遷がある。清衡時代の柳之御所遺跡の顕著な特徴は、周囲に空堀をめぐらしたうえに、北西に隣接する高《たか》館《だち》丘陵にも何重かの壕《ほり》を設けて砦《とりで》＝軍事施設としたことであった。これは清衡が育った家である清原氏の本宗家《ほんそうけ》の本拠「大鳥山柵《おおとりやまのさく》」跡と推測される秋田県横《よこ》手《て》市の大鳥《おおとり》井《い》山《やま》遺跡▲と、構造的にきわめて類似したものである。

だが平泉館と大鳥山柵のあいだには大きな違いがあった。大鳥井山遺跡が土塁をともなう幅約二五メートルの二重堀で守られ、内側を柵列で防衛した軍事性の高い施設であったのに対して、柳之御所遺跡は幅七メートルの一重堀、しかも土塁や柵列の跡がみつからないという、意外なほど平和的な雰囲気をただ

大鳥井山遺跡近景　大鳥井山（中央）と小吉山（左）、手前は横手川。

高館山（中央）**と柳之御所遺跡**（左）　手前は北上川と旧高館橋。北上川遊水地工事により、現在、橋は下流に移されている。

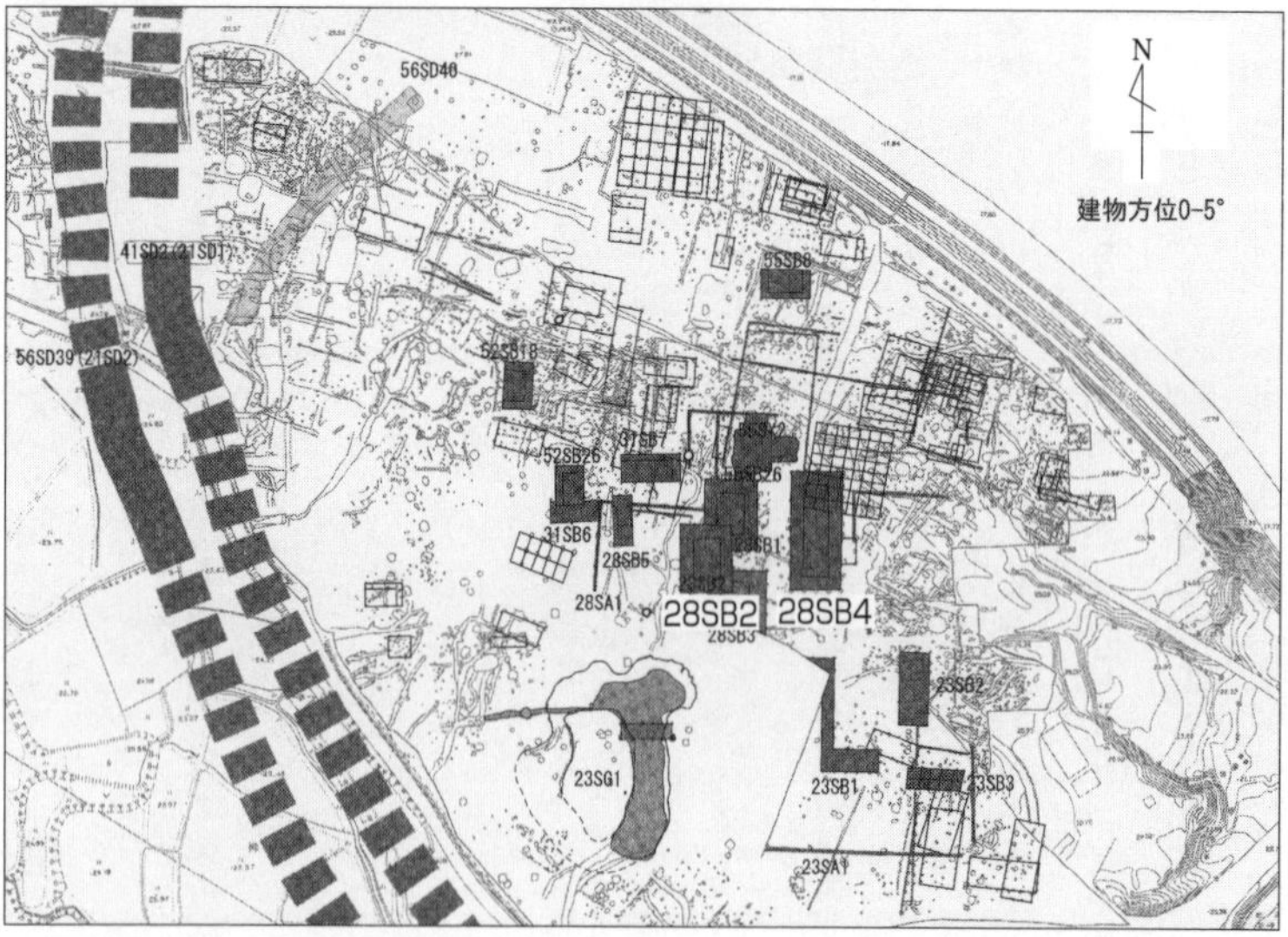

柳之御所遺跡の主要建物変遷図（岩手県教育委員会事務局生涯学習文化課編『平泉文化研究年報』第８号所収，柳之御所遺跡調査事務所「柳之御所遺跡堀内部地区の遺構変遷（中間報告その４）」による）　スクリーントーンで表示したのは基衡期〜秀衡初期。

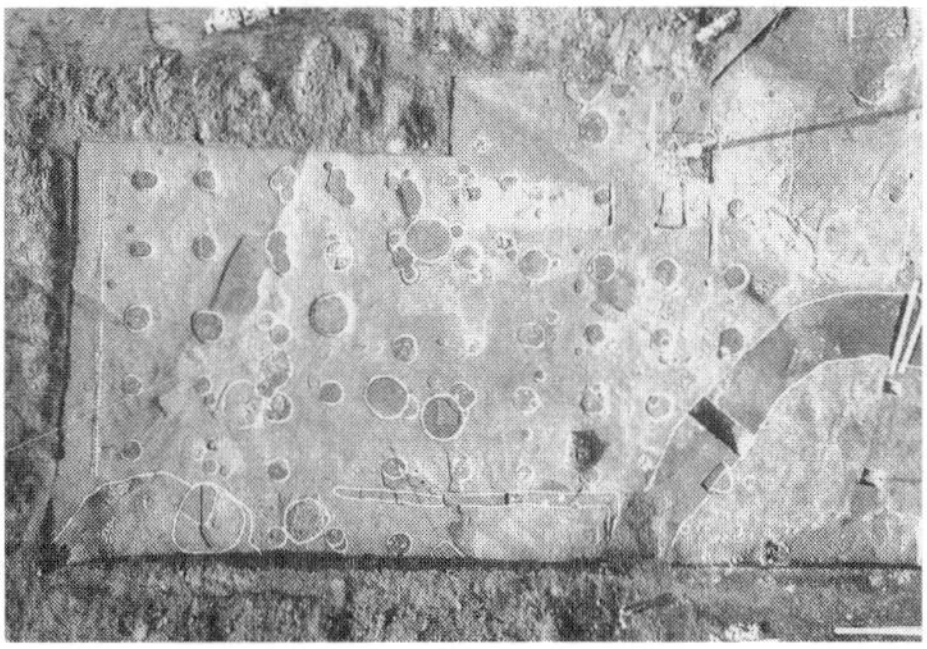

柳之御所遺跡の大型建物遺構　四間×九間の四面庇南北棟建物（前ページ遺構図の28ＳＢ４）。

よわせていたことである。それは、むしろ中尊寺《ちゅうそんじ》など平泉の寺院が有する仏教思想と共通するものであり、有名な中尊寺供養願文《くようがんもん》に語られた清衡の「奥羽の地に戦争のない平和な世界の実現を願う」という主張にふさわしい居館のあり方といえるだろう。これまでも多くの人によって語られてきたように、誕生から平泉開府にいたる清衡の前半生が、こうした軍事よりも平和を求める彼の思想と人間性を形成したのである。そして、それは中央権力との衝突を避けつつ北方政権の自立をめざした清衡の政治路線とも合致するものであった。

　建物の遺構では、遺跡の中心地区で、大型で規格性の高い四面庇建物が作り替えを繰り返しながら継続して営まれていたことが判明した。その最大のものは、四間×九間（一一・二×二四・九メートル）の巨大な南北棟建物（奥州藤原氏一族・家臣団の儀式の場）であり、西に四間×五間（一一・四×一四・三メートル）の南北棟建物（寝殿《しんでん》。客人を迎えた儀式の場）がならぶ。そして、この二棟の中心建物の西と南には庭（広場）が、南には園池があり、建物と庭・園池がセットになって儀礼空間を形づくっていた。二棟の大型建物が建っていた時期は十二世紀第2四半期から第3四半期前半。二代基衡期から三代秀衡の初期と推定されて

▼**藤原基成**　六七ページ本文および関係系図参照。

現在の中尊寺　関山の山上に多数の堂塔が建つ。

いる。この時期は、のちに秀衡の舅《しゅうと》となる鳥羽《とば》院近臣《きんしん》藤原基成《もとなり》▲が陸奥守として赴任し、京都風手づくねかわらけが平泉に導入された時期でもあって、柳之御所遺跡が活動の最初のピークを迎えたときであった。

ただ、初代清衡時代の中心建物については、遺跡の北よりの地区にあったとみられること以外、よくわかっていない。また清衡時代の平泉は、二代基衡時代以降のような市街地は形成されておらず、この柳之御所遺跡と中尊寺のみといった景観を呈していたらしい。そのもつ意味についてはのちにふれる。

中尊寺と仏教都市平泉

もとより「平泉開府」は平泉館の構築だけにとどまらない。それと並行して、関山山上への「寺塔四十余宇、禅坊三百余宇」といわれた延暦寺《えんりゃくじ》直系の寺院関山中尊寺の建立《こんりゅう》が、はるかに大規模かつ長期にわたる事業として進められた。平泉はこの中尊寺を都市プランの起点とし、僧侶や神官・神人《じにん》が人口の多数を占める巨大な仏教都市であった。そして、こうした都市づくりの基盤には、清衡の深い信仰と遠大な政治構想が存在していた。

北の衣川地区からみた「一基の塔」と二階大堂（復元CG）

▼**源頼朝**　一一四七〜九九年。源義朝《よしとも》の三男。平治《へいじ》の乱で伊豆《いず》に流刑《るけい》となるが、一一八〇（治承四）年、挙兵、鎌倉《かまくら》を本拠に東国《とうごく》政権を樹立し、一一八五（文治元）年、平氏《へいし》を滅ぼす。鎌倉幕府《ばくふ》初代将軍。

清衡の平泉進出からまもない一一〇五（長治《ちょうじ》二）年二月、中尊寺最初の伽藍《がらん》、方形二層の楼閣「多宝堂《たほうどう》」が完成し（現在、大長寿院《だいちょうじゅいん》がある場所）、落慶《らっけい》供養が行われた。「多宝寺」の寺号を有し、のちに最初院《さいしょいん》と呼ばれる。この多宝堂はそれまでのわが国で一般的だった密教《みっきょう》系の多宝塔ではなく、釈迦《しゃか》多宝二仏並座《にぶつびょうざ》、本尊として釈迦如来《にょらい》・多宝如来の二仏を安置する純粋天台《てんだい》様式の仏堂であった。また三重塔一基が関山の山頂に建てられ（「一基の塔」）、多宝堂とともに初期中尊寺のシンボルとなった。続いて二年後の一一〇七（嘉承《かしょう》二）年、多宝堂の北（現在の能楽殿《のうがくでん》の南西）に、高さ五丈（約一五メートル余）、わが国最初の一〇体の阿弥陀仏《あみだぶつ》を安置する巨大な阿弥陀堂「二階大堂《にかいだいどう》」が落成。翌一一〇八（天仁《てんにん》元）年には、これまたわが国二度目の例である一〇〇余体の釈迦像を安んじた釈迦堂が完成して、盛大な落慶供養が行われた。ときに清衡五三歳。かつて奥州を南北に分ける政治・軍事の境界であり、要塞「衣の関」がおかれていた北緯三九度ライン＝関山丘陵は、ここに平和の聖域へと変貌したのである。

それだけではない。清衡はこの中尊寺に重要な位置付けをあたえた。のちの一一八九（文治《ぶんじ》五）年九月十七日、中尊寺・毛越寺《もうつうじ》の衆徒《しゅと》が源頼朝《みなもとのよりとも》▲に提出した

北からみた二階大堂(復元CG)

中尊寺創建当時の主要伽藍と奥大道(一部推定を含む)

「寺塔已下注文《じとういかちゅうもん》」▲は、第一条「関山中尊寺事」で次のように述べる。

清衡六郡を管領するの最初にこれを草創す。まず白河関《しらかわのせき》より外浜《そとのはま》に至るまで二十余ヶ日の行程なり。その路一町別《ごと》に笠率都婆《かさそとば》を立て、その面に金色の阿弥陀像を図絵す。当国の中心を計り山頂の上に一基の塔を立つ。また寺院の中央に多宝寺あり。釈迦・多宝像を左右に安置す。その中間に関路を開き旅人往還の道となす。（原漢文、『吾妻鏡《あずまかがみ》』文治五年九月十七日条）

つまり、中尊寺とは、なによりも奥州の中心にあることを意識して建立された寺院であった。そして、奥州縦貫の官道《かんどう》「奥大道《おくだいどう》」が関山山上の中尊寺境内をとおり、寺院の中央に位置する多宝堂と山頂の三重塔のあいだをとおって、北方へと通ずるように設計されていた。それは、中尊寺が公的な性格をもつ「開かれた」寺院であることの証《あかし》でもあった。

しかも「寺塔已下注文」は、この中尊寺を起点に奥大道の一町ごとに金色の阿弥陀像を描いた笠卒塔婆が建てられ、奥州の入口白河関から本州の北端（奥州の北の境）外ヶ浜（中世には「外浜《そとのはま》」と呼ばれた）にいたる全ルート上に整備されていたという、興味深い伝承を記していた。この伝承は、秀衡の家臣清原実俊《きよはらのさねとし》▲

▼**「寺塔已下注文」**　『吾妻鏡』文治五（一一八九）年九月十七日条に所載。中尊寺僧源忠《げんちゅう》已講《いこう》と経蔵《きょうぞう》別当《べっとう》心蓮《しんれん》大法師らが平泉を占領した頼朝の求めに応じて「清衡已下三代造立《ぞうりゅう》堂社事」を記し献上したもの。七カ条からなり、平泉研究の根本史料。

中尊寺月見坂　かつての奥大道のルートに近いと推測される。

▼**清原実俊**　六四ページ参照。

が頼朝に語ったもう一つの伝説、清衡が三三年の治世のあいだに、奥羽両国の一万余の村々に「伽藍」＝仏教寺院を建立し仏性燈油田《ぶっしょうとうゆでん》を寄進したという話（『吾妻鏡』文治五年九月二十三日条）とセットになる。そこには、陸奥国を南北に縦貫する奥大道を「仏の道」として整備し、仏教寺院の建立を通じて奥羽全土の掌握をはかるとともに、その中央に位置する中尊寺を中心に都市平泉を建設し、全奥羽の支配を進めるという、清衡の壮大な構想がみてとれるであろう。まさに「奥羽仏教王国」とその首都「仏教都市平泉」構想である。

平泉仏教、その自立性と国際性

注目されるのは、この中尊寺の建立が延暦寺＝山門《さんもん》勢力との密接な提携のもとに進められ、やがて王権＝白河院権力と結びついて「鎮護国家《ちんごこっか》」を標榜しつつも、その根底には「日本国」の枠組みを超える明確な理念と思想が存在したことである。それは第一に、唐《とう》帝国滅亡後の五代十国《ごだいじっこく》諸国や、遼《りょう》・北宋《ほくそう》・高麗《こうらい》、あるいは東南アジアのクメール王国など、東アジア世界のあらたな基準となった寺院と仏教の理念を中心とする国づくり▲、都市づくりの思想であり、第二には、

『餓鬼草子』に描かれた阿弥陀像を図絵した笠卒塔婆

▼閩国国王王審知の国づくり
五代十国の一つ閩《びん》国（領土は福建《ふっけん》省一帯）の初代国王王審知《おうしんち》は、仏教興隆と通商立国を柱とする国づくりを行い、首都福州《ふくしゅう》における報《ほう》恩定光《おんじょうこう》多宝塔の建立、港の建設と南海貿易の振興、釈迦・弥勒《みろく》大仏の造立、金銀字一切経の書写・奉納などの事業を行った。

中尊寺多宝寺想像画(入江正巳作「中尊寺法華説相図《せっそうず》」)

新羅仏国寺多宝塔(韓国 慶州《キョンジュ》市)
七世紀後半の建立。

平泉仏教自体が京都仏教の単なる模倣ではなく、きわだった自立性と国際性をもっていたことであった。

そのことは、「仏教都市」というべき平泉のあり方と、中尊寺最初の伽藍で初期中尊寺の中心となったのが「釈迦多宝二仏並座」の多宝寺(多宝堂)であったことに、象徴的に示されている。すでに述べたように、この多宝寺は当時の日本で一般的だった密教系の多宝塔(大日《だいにち》如来に見立てた多重の宝塔)と異なり、天台宗の根本経典で東アジア世界で「経王」と呼ばれた『法華経《ほけきょう》』のクライマックスシーン、地中から出現した巨大な宝塔に釈迦・多宝の両如来が並座し、三千大千世界に対して釈迦の説法が行われる場面(見宝塔品《けんほうとうほん》第十一)を、視覚的に表現した建築であった。清衡は、仏典(法華経)のなかで全宇宙の中心に位置づけられたこの「二仏並座」多宝塔を、中尊寺の中心伽藍「多宝寺」として建立し、ここを起点に奥大道を「仏の道」として整備していったのである。

実は、こうした様式の多宝塔は、古代以来、敦煌《とんこう》や雲崗《うんこう》、新羅《しらぎ》の仏国寺《ぶっこくじ》など、中国大陸や朝鮮半島の寺院で広く行われていたものであった。そして、大陸で多宝塔といえば、すべてこの釈迦多宝二仏並座の多宝塔をさしていた。しかし、

▼**藤原道長**　九六六〜一〇二七年。摂政《せっしょう》。兼家《かねいえ》の四男。藤原氏の全盛期を実現し、「御堂関白《みどうかんぱく》」と呼ばれた。

法勝寺八角九重大塔（復元模型）

現在の高野山根本大塔　一九三七（昭和十二）年の再建。

わが国での出現ははるかに遅く、十世紀末〜十一世紀初頭。中国江南《こうなん》仏教に注目した藤原道長《みちなが》▲が、一〇〇七（寛弘《かんこう》四）年、藤原北家《ほっけ》一門の埋骨所＝宇治木幡《うじこはた》墓所に建立した浄妙寺《じょうみょうじ》の多宝塔が、最初のものであったし、その後もこの様式の多宝塔が日本仏教界の主流になることはなく、まして寺院の中心伽藍とする発想は絶無であった。

清衡が中尊寺創建の構想を練っていたころ、中央では二つの巨大な仏塔が姿をあらわしていた。遼の仏塔様式をまねた白河《しらかわ》天皇御願寺《ごがんじ》＝京都白河法勝寺《ほっしょうじ》の八角九重大塔と、典型的な真言《しんごん》密教系多宝塔である高野山根本大塔《こうやさんこんぽんだいとう》である。清衡は当然この二つの大塔の建立を聞いていたはずだが、それとはまったく異なる、天台宗の根本経典『法華経』を具現化した大陸系の多宝塔様式を選択し、中尊寺の中心伽藍としたのである。それはまさしく「東アジアのグローバルスタンダード」の採用であり、王権に奉仕する都の仏教とは異なる、仏教の理念を中心にすえた国づくり、都市づくりの明確なアピールであった。

こうして誕生した中尊寺は、一六年後の一一二四（天治《てんじ》元）年、清衡みずからの廟所《びょうしょ》となる阿弥陀堂「金色堂《こんじきどう》」が上棟され、「上下四壁内殿皆金色《かいこんじき》也」「悉《ことごとく》螺《ら》鈿《でん》也」と称される荘厳をつくした仏堂が姿をあらわしてゆく。さらに二年後の一一二六(大治元)年には、わが国初の「紺紙金銀字交書一切経《こんしきんぎんじこうしょいっさいきょう》」五〇〇〇余巻を奉納し、文章博士《もんじょうはかせ》藤原敦光《あつみつ》▲の起草、白河院近臣藤原朝隆《ともたか》(顕隆《あきたか》の弟)の清書になる供養願文をささげた白河法皇御願「鎮護国家《ちんごこっか》大伽藍一区」が落成、ここに中尊寺は完成の域に達した。その落慶法要《ほうよう》は、白河院第一の近臣葉室《はむろ》(藤原)顕隆派遣の使者と、比叡山《ひえいざん》からの唱導僧《しょうどうそう》を迎え、僧侶一〇〇〇人による千部法華経転《てん》読《どく》をもって盛大に挙行されたと伝える。

中尊寺伽藍造営の最後をかざるこの「大伽藍一区」は、丈六《じょうろく》皆金色の釈迦三尊像を本尊に、左右に二二間の回廊をもつ三間四面《みましめん》の大堂を本堂とし、その南に龍頭鷁首《りゅうとうげきしゅ》の船を浮かべ反橋《そりばし》・斜橋《ななめばし》を備えた園池を配する、いわゆる臨池式《りんちしき》伽藍配置の大伽藍であった。この伽藍配置は、同じ時期に建立された白河天皇御願寺で「国王の氏寺《うじでら》」と呼ばれた京都白河の法勝寺にならったものといわれている。そして、供養願文では「鎮護国家」を標榜し、白河法皇《ほうおう》・鳥羽上皇《とばじょうこう》・待賢《たいけん》門院《もんいん》・崇徳《すとく》天皇の健康と長寿を祈るという、まさしく、京都の王権に恭順を誓い、奉仕を強調する外見をとっていた。

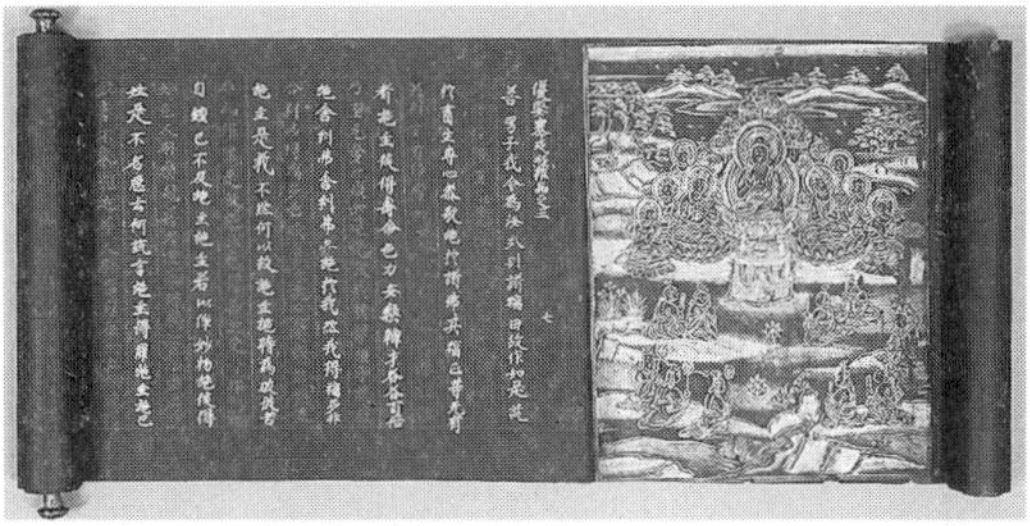

紺紙金銀字交書一切経(中尊寺大長寿院蔵。のち大半は高野山にはいり，中尊寺に残るのは15巻のみである)

▼**藤原敦光**　一〇六三～一一四四年。儒者《じゅしゃ》の家である式《しき》家縄主《なわぬし》流。明衡《あきひら》の子。文章博士《もんじょうはかせ》、大学頭《だいがくのかみ》、式部大輔《しきぶたいふ》。当代一流の文章家として知られた。

法勝寺伽藍配置（福山敏雄氏による）

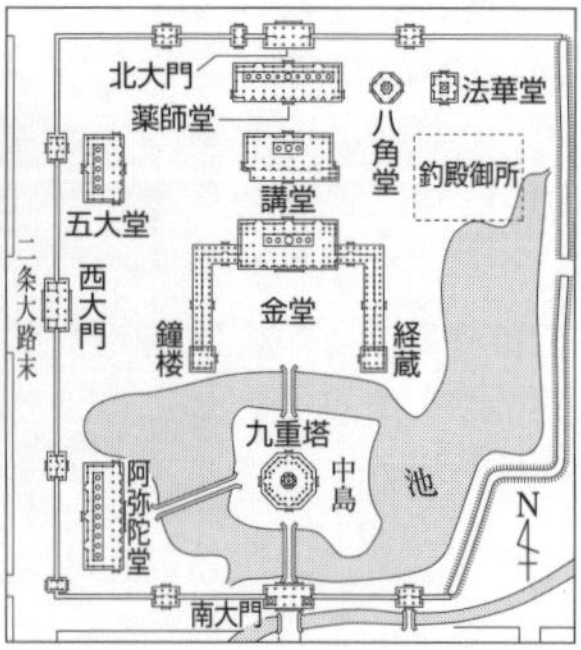

五大明王像（東寺講堂内陣《とうじこうどうないじん》）

だが清衡の「大伽藍一区」と白河天皇の法勝寺とは、政治的にも思想的にもまったく「似て非なる」ものであった。それは法勝寺が、金堂の本尊として全宇宙の中心仏とされた毘盧舎那《びるしゃな》如来（大日如来と同体とされた）を安置し、夷賊《いぞく》・怨《おん》霊調伏《りょうちょうぶく》の仏である五大明王《ごだいみょうおう》（不動《ふどう》・降三世《ごうざんぜ》・軍荼利夜叉《ぐんだりやしゃ》・大威徳《だいいとく》・金剛夜叉明《こんごうやしゃみょう》王《おう》）をおく五大堂《ごだいどう》を設けていたのに対し、中尊寺はこれらの要素をまったく欠いていたからである。とくに五大明王のもとで行われる修法《しゅほう》「五壇護摩法《ごだんごまほう》」は、夷賊・怨霊調伏の修法であり、平安《へいあん》時代後期の京都では、天皇・中宮《ちゅうぐう》や王族の病気平癒・安産祈禱《きとう》や兵乱静謐祈禱の際に行われたものだった。しかし中尊寺では、同じく「鎮護国家」を標榜していても、中心的な伽藍の本尊に毘盧舎那如来（大日如来）をおくことはなく、五大堂もつくられなかった。そして、それは中尊寺のみならず平泉の仏寺すべてに共通するものであり、二代基衡・三代秀衡へと受け継がれていった平泉仏教の大きな特質であった。

神国の平和と法華経の平和

それだけではない。平泉仏教には都の仏教にはないもう一つの大きな特徴があった。それは、平泉ではあくまで寺院が中心で、神社の比重が著しく小さいという、独特の宗教構造である。

平泉が建設された十一世紀末〜十二世紀の日本は、神仏習合《しんぶつしゅうごう》▲と本地垂迹説《ほんじすいじゃくせつ》▲に基づく神々の体系化が進み、中世天皇神話と神国《しんこく》思想を柱とする「神道《しんとう》」が成立した時代であった。そして、この「神道」を担う装置として、二十二社▲・一宮《いちのみや》▲を中心とする神社制度と、呪術《じゅじゅつ》や宗教儀礼の体系が全国で形成されていったときであった。それは中世の神権的天皇制の基幹をなし、密教を中心とする顕《けん》密《みつ》仏教と補いあって中世日本国の支配体制の柱となってゆく。首都京都は、まさしくこの王城鎮守二十二社によって守護された「天皇の都」であった。

ところが平泉では、こうした神社制度は導入されず、あくまでも寺院が中心であったし、京都から勧請《かんじょう》された神々も「平泉の基準」によって選ばれた限られたものであった。なによりも平泉では、天皇家の神伊勢《いせ》、国家守護・夷賊征伐の武神八幡《はちまん》（石清水《いわしみず》）、都守護の神賀茂《かも》といった、二十二社の中心「王城鎮守三社」を構成する神社は勧請されなかった。また、奥州藤原氏もその一族であったはずの藤原氏の氏神《うじがみ》春日《かすが》社も、勧請されることはなかった。実は、これこそ

▼神仏習合　奈良〜平安時代、神祇《じんぎ》信仰と仏教信仰が影響しあい、混淆・融合して一つの信仰体系を形成しながら日本社会に浸透、神仏を区別しない日本独自の信仰・宗教形態を形成していった現象。

▼本地垂迹説　神は仏が仮の姿をとってこの世にあらわれたものという教説。十世紀に登場し十一世紀末〜十二世紀初めには神の本地仏が特定されるようになった。

▼二十二社　畿内近国に設けられた天皇とその居所を鎮護する二十二の有力神社。伊勢・石清水・賀茂・松尾《まつお》・平野《ひらの》・稲荷《いなり》・春日・大《おお》原野《はらの》・大神《おおみわ》・石上《いそのかみ》・大和《やまと》・広瀬《ひろせ》・龍田《たつた》・住吉《すみよし》・日吉《ひえ》・梅宮《うめみや》・吉田《よしだ》・広田《ひろた》・祇園《ぎおん》・北野《きたの》・丹生《にう》・貴布禰《きふね》の各社。

▼一宮　各国ごとに設けられた国の鎮守神。国司は在庁官人を率いて一宮で初任神拝を行い、造営の費用も一国平均役で賦課された。

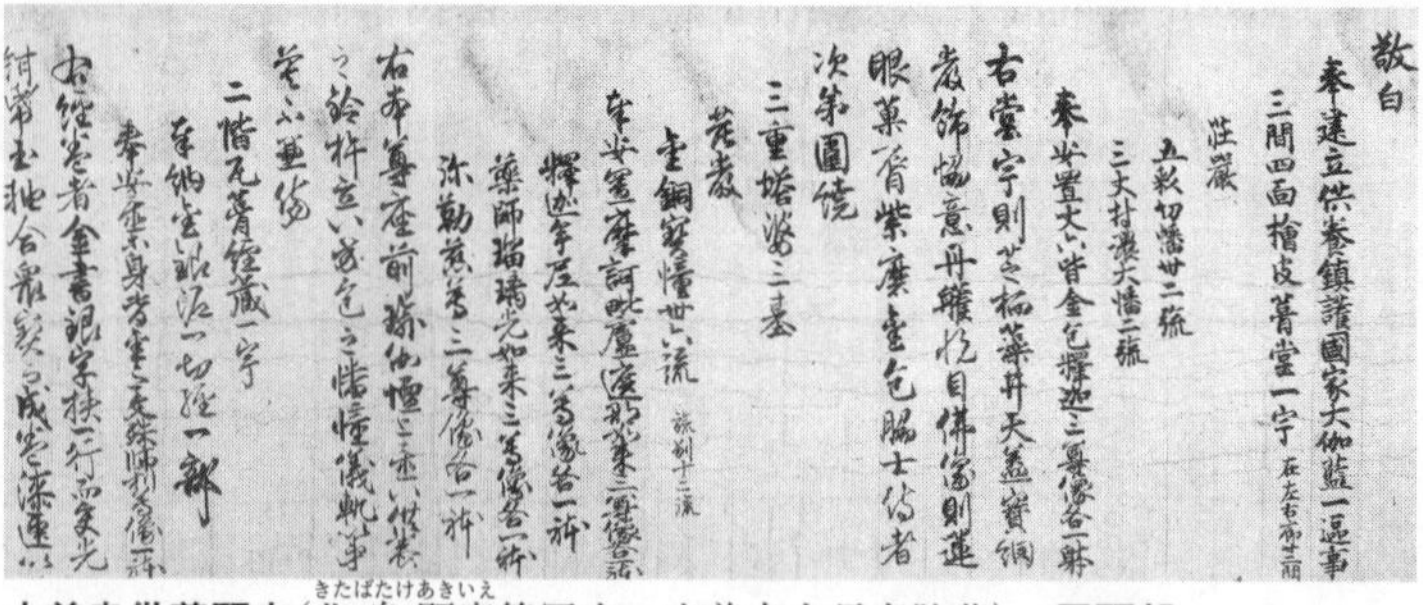
敬白
奉建立供養鎮護國家大伽藍一區事
三間四面檜皮葺堂一宇 在左右廊廿二間
荘厳
五彩切幡卅二旒
三丈村濃大幡二旒
奉安置丈六皆金色釋迦三尊像各一躰

中尊寺供養願文（北 畠《きたばたけ》 顕家《あきいえ》筆写本，中尊寺大長寿院蔵）　**冒頭部**

が平泉仏教の特徴で、そこでは、夷賊調伏や王権擁護といったむきだしの国家の論理は徹底して退けられていた。

そして、中尊寺供養願文それ自体が、「鎮護国家」を標榜する寺院の願文としてはきわめて異例のものであった。願文はいう。古来奥羽では征夷《せいい》の戦いで死んだ「官軍・夷虜《いりょ》」は数えきれず、殺された獣鳥魚類も、またはかり知れないほどである、そのため、「精魂はみな他方の界に去り、朽骨《きゅうこつ》は猶此土《しど》の塵《ちり》」となってきた、しかし(今後は)、この寺の鐘が響くごとに、官軍も夷狄《いてき》も別なく、ゆえなくして死んだ者の霊魂は浄刹《じょうさつ》に導かれるであろう、大乗の仏典をたたえるこの大伽藍の落慶によって、夷狄の地も「界内《かいだい》の仏土」になるのだ、と。

「大乗の仏典」の前には、蝦夷《えみし》の地も都と変わらない「仏土」となる。いうまでもなく、この主張の背後には『法華経』に凝縮された仏教の絶対平等思想がある。まさに、中世日本国の「神国の平和」にかわる「法華経の平和」。仏の前には俘《ふ》囚《しゅう》・蝦夷の地も日本国の都も対等だとする思想。これこそが「奥の御館《みたち》」「奥六郡の主《あるじ》」として日本列島北部を支配した清衡による国づくりの基底となった思想であり、そうした「北方世界の自立」の思想と理念のもとに、「奥羽仏教王国」

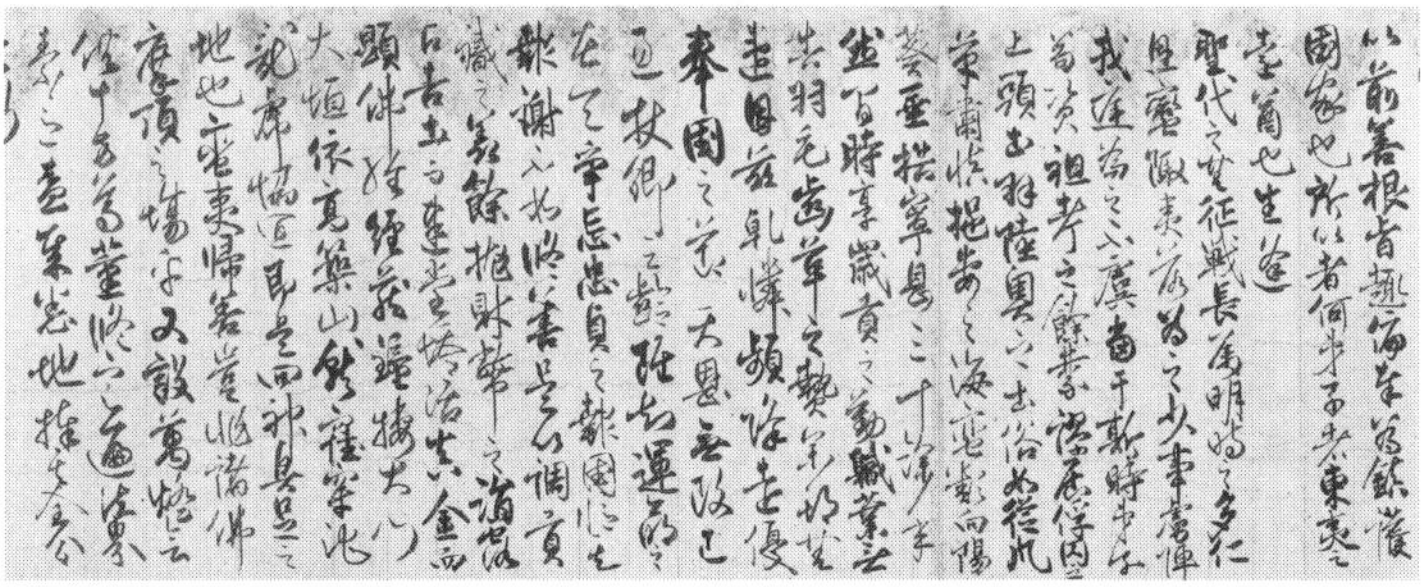

同　本文冒頭

と「仏教都市平泉」は建設されたのである。

清衡の事業はそれにとどまらない。さきの寺塔已下注文は、清衡がその一代のあいだに、延暦寺・園城《おんじょう》寺・東大《とうだい》寺・興福《こうふく》寺といった南都《なんと》北嶺《ほくれい》の大寺、さらには中国の天台山《てんだいさん》などで、つぎつぎと千僧供養の大法会《ほうえ》を行ったという伝承を記していた。この伝承のうち、延暦寺・園城寺の千僧供養は確かな事実であり、中国天台山での千僧供養についてもなんらかの実質があったとみられている。清衡は、官位こそ正六位上《しょうろくいのじょう》陸奥押領使《おうりょうし》であったが、王権＝白河法皇への莫大な奉仕を通じて都では王家や摂関家《せっかんけ》だけが可能であったこれらの事業を行うことを認められたうえに、大陸の仏教界にまで目を向け、結びつきをつくってゆく卓抜した国際感覚をもっていた。まさに「辺境の王者」であった。

かくして清衡は中尊寺供養願文でみずからの支配する世界をこう述べる。自分は「東夷《とうい》之《の》遠酋《おんしゅう》」として「俘囚之上頭《じょうとう》」の地位にいる、「出羽陸奥之土俗」は草のごとくなびき、「粛慎挹婁《しゅくしんゆうろう》之海蛮《かいばん》」は太陽に向かう向日葵《ひまわり》のように従ってくる、奥羽が平和になって三〇余年、その間「時享歳貢《じきょうさいこう》之勤《つとめ》」をまっとうし、「羽毛歯《うもうし》革《かく》之贄《にえ》」をとどこおりなく進上してきた、と。ここには、(1)奥州藤原氏の本来の支配領域＝俘囚の地（直接支配する北緯三九度以北の北奥羽と交易を通じて管轄する蝦夷ヶ島）を本拠に、⑵「時享・歳貢の勤」を担当する陸奥・出羽両国（その年貢には交易で入手された蝦夷ヶ島＝北海道の産物も含まれる）と、⑶「羽毛・歯革の贄」の貢納を担当する服属地「粛慎・挹婁▲」（大陸の沿海州からサハリン）を管轄しているという、藤原氏の北方支配者意識が鮮明にみてとれよう。それは王朝国家から事実上自立した北方政権の主として、「俘囚の地」の自治と奥羽両国の支配を請け負い、国境を越えた「粛慎・挹婁」の地をも服属させているという、清衡の高らかな自己主張であった。

「北」から「南」へ

こうして誕生した平泉と中尊寺には、さらに意外とも思われる一つの特徴があった。それは当初の中尊寺が北を正面とする寺院として創建されたこと、そして、初期の平泉も「中尊寺と柳之御所遺跡のみ」といった様相を呈しており、都市機能の中心は、中尊寺の北の入口「北坂下《きたさかした》」（衣川の河湊《かわみなと》に隣接）やかつて安《あ》倍《べ》・清原氏の本拠がおかれた衣川地区にあったとみられることである。

▼**粛慎・挹婁**　粛慎は本来、春《しゅん》秋《じゅう》・戦国《せんごく》時代の中国人が東北方の人びとを呼んだ名称。挹婁は魏《ぎ》・晋《しん》時代、沿海州地方の住人を呼んだもので、その際、その地をもとの粛慎人の地と考えた。古代日本の支配層は蝦夷より北に住む人びとに粛慎の名をつけ「アシハセ」と呼んだが、中尊寺供養願文が書かれた時代、蝦夷地は大陸と接していると考えられており、「粛慎・挹婁」は大陸から蝦夷以北＝サハリン方面の人びとをさしたものとみられる。

接待館遺跡発掘風景(2005年)　手前は周壕，土塁は後世に削平され一部のみ残存。

実際、清衡が関山丘陵に建立した初期の中尊寺伽藍は、南の平泉側からはほとんどみえず、北の衣川地区からのみ、現在の能楽殿の南西にあった二階大堂や、その南の高台にあった多宝寺(多宝堂)などの堂塔がよくみえるという配置になっていた。それは、中尊寺が本来、北＝衣川を正面とし、奥州藤原氏の「本領」であった奥六郡以北の世界に威を放つ政治的意図をもって建立された寺院であったことを、ものがたるものであった。しかも、その後、平泉の都市的発展が進んでも、この衣川の機能は失われず、都市平泉は、南の平泉と北の衣川という二元構造をもつ都市として成長した。

二〇〇五(平成十七)年、衣川北岸に位置する下《しも》衣川地区から、奥州藤原氏時代の大規模な遺跡群が発見された。この衣川遺跡群は、周壕と土塁で囲まれ大量の手づくねかわらけを出土した接待館《せったいだて》遺跡や、遺跡群全体の東端を区画する大溝や町屋を思わせる小規模な建物跡がみつかった六日市場《むいかいちば》遺跡など、四つの地区にまたがる広大なもので、関山・衣川以南の平泉地区のみで描かれてきた従来の「都市平泉」のイメージを、文字どおり大きく変更するものであった。

とくに注目されたのが接待館遺跡である。その最盛期は秀衡時代。遺跡の性

六日市場遺跡(2条の大溝が発見)より西方をみる

衣川遺跡群　北上川遊水地事業にともなう衣川の堤防工事により全体で東西600mにおよぶ4つの遺跡がみつかったが，遺跡群の広がりはこれにとどまらず，長者原廃寺跡以南の衣川北岸全域におよぶとみられる。

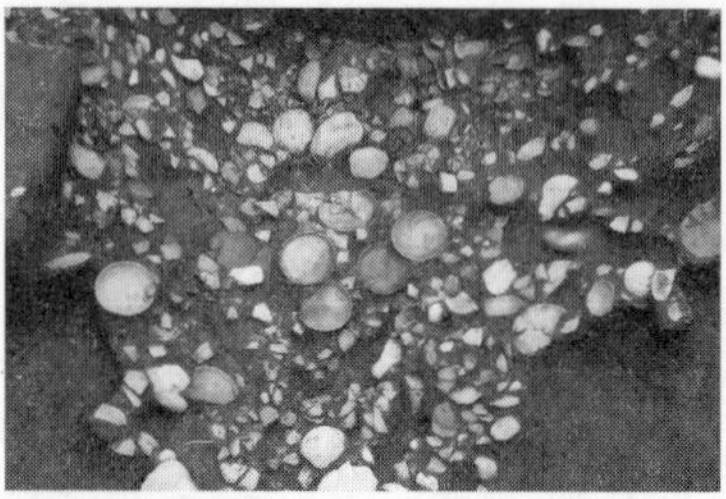
接待館遺跡　かわらけの出土状況。

接待館遺跡　周壕。

関山・衣川と衣川遺跡群

「**衣の関道」跡**　かつての奥大道の跡と伝える。正面の山は関山。

▼**衣川地区の都市計画**　長者原廃寺の本堂と南門を結ぶ南北中軸線は、真北に対し東に八度傾いて設定され、南に伸ばすと関山の山頂にいたる。衣川地区の主要道路・大溝・屋敷割は、いずれもこの軸線を基準にしている。

格はいまだ明らかでないが、周壕をめぐらし大量の「かわらけ」を出土した柳之御所遺跡類似のあり方からみて、なんらかの政治的儀式が行われた場所であったことは確実である。平泉時代の衣川については、文献史料から、奥大道の宿駅「河原宿《かわらしゅく》」がおかれ河湊が営まれて物資の集散地となっていたことや、中尊寺の里坊《さとぼう》がたち、堂衆《どうしゅう》・下部《しもべ》法師や日吉《ひえ》神人たちが居住する経済活動の拠点であったことが、推測されている。また三代秀衡時代には、秀衡の舅で平泉政権の政治顧問であった前陸奥守藤原基成《もとなり》の宿館「衣河館《たち》」が営まれ、その一画には亡命の将義経《よしつね》も居住していた。現在でも下衣川地区には規格性をもった古道や屋敷割が残り、しかもそれが安倍氏時代の寺院長者原廃寺《ちょうじゃがはらはいじ》の軸線を基準に設定されている。安倍時代を継承した都市建設▲が行われた証拠である。

この「北を向いた」平泉が南へ発展する転機となったのが、一一二四(天治元)年の金色堂上棟と、一一二六(大治元)年の「鎮護国家大伽藍一区」の建立であった。金色堂は、中尊寺の主要伽藍のうち、山頂の「一基の塔」を除けば、関山の南麓から遠望できる唯一の伽藍で、金色に輝くその姿が平泉館(柳之御所遺跡)方面からあおぎみることができるよう寺地が選ばれ、建立されたものであった。ま

大池跡と周辺の遺跡（及川司氏による）

出羽国内の中尊寺領と平泉から日本海岸への交通ルート

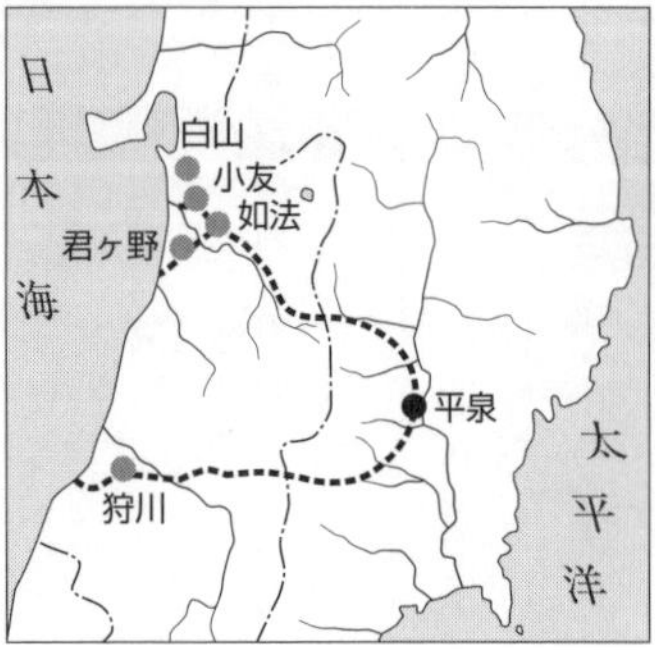

た「大伽藍一区」の場所については、金色堂の南の低地にある大池付近とする説と、のちの毛越寺の場所とする説の二つの説があるが、どちらの場合でも、関山丘陵の南側に伽藍を建立し、中尊寺のあらたな顔としたことに変わりはない。いずれも、それまで「北を向いて」いた中尊寺が南を正面とする寺院へと変貌したことを意味するものであり、この二つの伽藍の建立後まもない基衡時代前期、平泉は関山以南に本格的な発展を開始するのである。

奥州藤原氏の勢力が南奥に伸張するうえで、重要な役割を担ったのが、鎮守府軍監《ぐんかん》として奥州に赴任し、のち清衡の後援で信夫《しのぶ》郡の在地豪族の婿となって現在の福島盆地に土着し、信夫郡司となった佐藤氏である。土着の時期は、秀衡時代に信夫庄司《しょうじ》として活躍した元治《もとはる》（継信《つぐのぶ》・忠信《ただのぶ》兄弟の父）の祖父師信《もろのぶ》の代とみられる。そして、この信夫佐藤氏は、藤原氏とのあいだに第一の家臣でかつほとんど一族ともいえる緊密な関係を形成していった。

平泉ネットワーク

こうした清衡の事業を支えたのが、平泉を中心とした宗教、文化、物流、そして人びとのネットワークであったことは、いうまでもない。

清衡時代、都と平泉のあいだの主要幹線となったのは、北陸道・日本海ルートであった。そのことは、陸奥国の摂関家領荘園《しょうえん》の年貢が越後国《えちごのくに》などの日本海側の湊を経由して都に運ばれていることからも、明らかである。平泉から日本海岸にいたるルートは二つあった。一つは、奥羽山脈を越え、最上川《もがみがわ》を利用して庄内《しょうない》にくだり、河口の酒田《さかた》湊か田川《たがわ》郡由良《ゆら》・加茂《かも》湊にでる道。これは『義経記《ぎけいき》』▲に記された義経の平泉下りのルートでもある。もう一つは、やはり奥羽山脈を越え、雄物川《おものがわ》を利用して、雄物川河口の秋田湊、あるいは途中から出羽山地を越えて直接日本海岸の湊にでるルート。右の二つのルート上に位置する庄内の狩川《かりかわ》や雄物川下流部の交通の要地八カ所は中尊寺領とされ、平泉政権の直接管轄下におかれていた。

この北陸道・日本海ルートの担い手として活躍したのが、北陸道一帯に勢力をはる日吉・白山《はくさん》社の神人▲たちであった。奥州藤原氏と山門勢力の結びつき、そして平泉と加賀白山社との緊密な提携関係が、その基礎となっていた。一一五〇年代末を開窯期とする能登珠洲《のとすず》窯の初期の製品がいち早く平泉に持ち込ま

▼**『義経記』**　軍記物語。源義経の一代記で室町《むろまち》時代初期〜中期の成立。物語は義経の生い立ちと没落、弁慶《べんけい》の活躍が中心。貴種流離譚《きしゅりゅうりたん》系列の英雄説話物語といえる。

▼**日吉・白山社の神人**　日吉神人は延暦寺の鎮守日吉大社（大津《おおつ》市坂本《さかもと》）に奉仕する人びと。運輸・商工・金融業者を多数組織し、都と北陸道を結ぶ交通体系や日本海交通路を支配した。白山神人は加賀《かが》国白山本宮《ほんぐう》（石川県白山市）に奉仕する人びとで、十二世紀半ばに白山社は延暦寺の末社となった。

中尊寺円乗院《えんじょういん》金銅釈迦如来像御正体《みしょうたい》 中尊寺鎮寺日吉社に奉納されたものか。

現在の寧波 かつての寧波港の中心であった三江口《さんこうこう》付近。

れていることも、北陸道・日本海ルートの果たした役割をものがたる。

山門勢力＝日吉・白山神人を介した北陸道・日本海ルートは、さらに都から西に伸びて、九州博多《はかた》・大宰府《だざいふ》へといたっていた。いうまでもなく博多は、宋人商人が形成した「唐房《とうぼう》」（チャイナタウン）から発展した国際貿易港で、大宰府の外港、日宋貿易の窓口であった。十二世紀の初め、大宰府の大山寺《だいせんじ》は山門末寺となるが、この大山寺は博多唐房の宋人商人・船頭を神人に組織し、彼らの所有する日宋貿易船を「大山船」としていた。清衡はこの大山寺を通じて博多宋人商人と密接な関係を築き、「唐物《からもの》」＝中国産物の直接入手ルートを獲得する。さらに、彼らの出身地である浙江省《せっこう》寧波《ニンポー》（明州《めいしゅう》）の商人・寺院勢力とのつながりをもとに、中国天台山での千僧供養や、のちの秀衡時代における明州吉祥院《きっしょういん》からの宋版《そうはん》一切経の入手を実現した。このように、奥州藤原氏は大宰府・博多の山門勢力を介して中国寧波との結びつきを形成したのである。平泉で発掘される大量の白磁製品や、『吾妻鏡』に記されたおびただしい「唐物」、さらに象《ぞう》牙《げ》・犀角《さいのつの》・水牛角・紫檀《したん》材といった南海貿易の品々が平泉にもたらされるルートは、こうして開かれた。その代価として大量の奥州産の黄金が中国へと運ば

平泉志羅山《しらやま》遺跡出土の白磁水注《はくじすいちゅう》

夜光貝

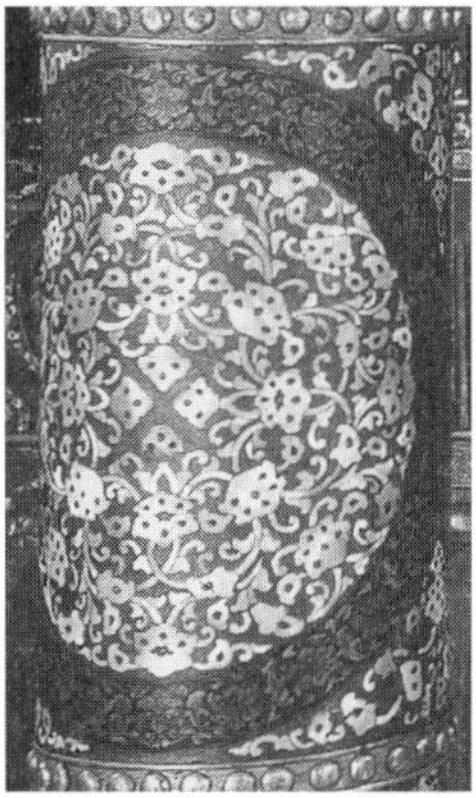

中尊寺金色堂内陣巻柱

螺鈿細工で描かれた宝相《ほうそう》華唐草文《げからくさもん》。

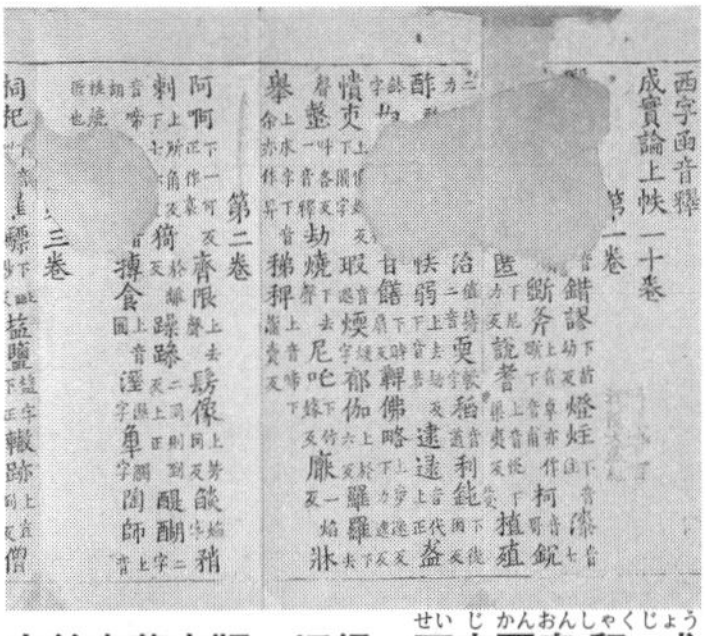

中尊寺蔵宋版一切経　西字函音釈《せいじかんおんしゃく》成《じょう》実論《じつろん》上帙《じょうちつ》十巻　「明州(寧波)城下吉祥院大蔵経」の朱印がある。

平泉と大陸・東シナ海世界および北方世界

れたことは想像にかたくない。

そして、この大宰府・博多ルートは、九州西岸を南下し、薩摩西岸の貿易港を経由して、「鬼界《きかい》が島《しま》」と総称された南島（吐噶喇《とから》列島・奄美《あまみ》群島）へ通じていた。奄美群島は螺鈿《らでん》細工に欠かせない夜光貝《やこうがい》の産地であり、奄美大島に隣接する喜《き》界島《かいじま》には、九州勢力が移住し、大規模な移住者の集落と交易拠点を形成していた。城久《ぐすく》遺跡群▲である。中尊寺金色堂をかざる螺鈿装飾の夜光貝はこの南島ルートを通じて入手されたものであり、これまた都を経由せず、博多から直接、平泉に運ばれたと考えられる。

こうして開拓された九州・南島・大陸ルートは、二代基衡時代になってさらなる発展をとげる。平泉・太平洋ルートの本格的な開発である。担い手となったのは伊勢《いせ》海を中心に紀伊《きい》・遠江《とおとうみ》・房総《ぼうそう》など、太平洋岸一帯に活躍する熊野《くまの》の海民であり、きっかけは、十二世紀半ばの時期に開かれた尾張常滑《おわりとこなめ》窯・三河渥《みかわあつ》美《み》窯製品の平泉への海上輸送であった。そして、この常滑・渥美窯製品の平泉輸送の背後には、のちに基衡の嫡子秀衡の舅となる鳥羽院近臣の陸奥守藤原基成（基成の陸奥守在任は一一四三〜五三〈康治《こうじ》二〜仁平《にんぴょう》三〉年）や、同じく院近臣であ

琉球・奄美、「鬼界が島」の世界

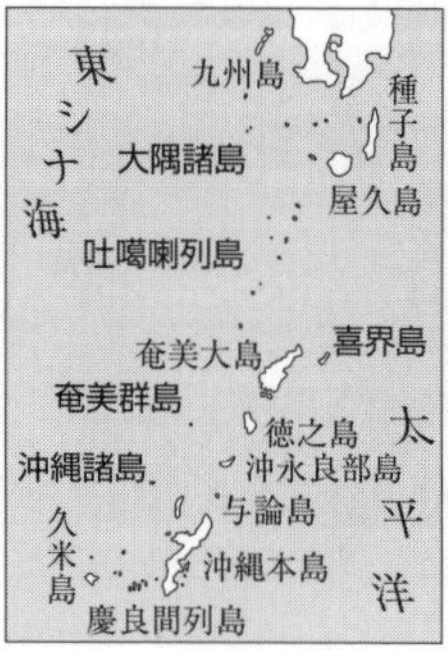

▼**城久遺跡群**　鹿児島県喜界島で発見された八〜十二世紀の大規模集落遺跡。喜界島は当時日本国外であったが、古代国家の官衙《かんが》に匹敵する政庁・倉庫・広場跡が発見され、大宰府・南九州系の土器や中国・高麗《こうらい》陶磁器など島外産の土器・陶磁器が大量に出土していることから、十一世紀以前は九州勢力の支配拠点で、十一世紀以後は広域的な交易活動のセンターとなったと考えられている。

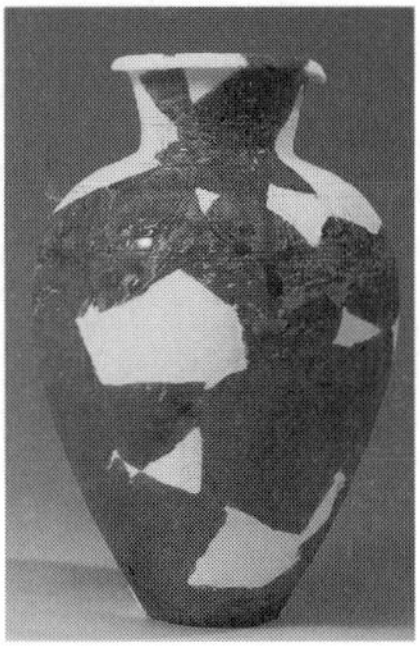

渥美窯刻画文《こくがもん》壺（柳之御所遺跡出土）

常滑窯三筋壺《さんきんこ》（志羅山《しらやま》遺跡出土）

った葉室流藤原氏一族と、奥州藤原氏との緊密な関係があった。

熊野海民による太平洋ルートの本格的な発展は、やがて、九州博多から太平洋経由で平泉の海の入口石巻《いしのまき》湊や気仙《けせん》湊にいたる奥州直航ルートの実現をもたらす。それはまた、平泉・寧波ルートの誕生でもあった。二代基衡時代後半から本格化する中国産白磁製品の平泉への流入や、三代秀衡時代初期の購入とみられる宋版一切経約六〇〇〇冊の平泉への輸送は、まさしく、この太平洋の「海の道」を通じてなされたのである。博多の宋人海商など貿易商人たちが生活用具として使用した九州産の滑石《かっせき》製石鍋の破片が柳之御所遺跡から出土することもまた、九州・平泉直航ルートの形成をものがたっている。

そして、こうした「平泉ネットワーク」の発展は、平泉政権の本格的な発展の始まりでもあった。清衡時代後期、平泉政権のスタッフには京下りの貴族・官僚層が増加してゆく。そのなかで奥州藤原氏は、清衡が自称し中央政府も認めた「東夷の遠酋・俘囚の上頭」の地位を越え、中央政界とも主体的な関わりをもち、古代末の動乱期にはいりつつあった都の政治勢力間の抗争にも大きな影響をあたえる、北方の一大政治勢力へと成長をとげていったのである。

③——天下三分——二代基衡・三代秀衡

一一二八（大治《だいじ》三）年七月十六日、藤原清衡《きよひら》は七三歳で死去した（『中右記目録《ちゅうゆうきもくろく》』大治三年七月二十九日条、『紺紙金字法華経《こんしきんじほけきょう》』巻第八奥書）。翌年七月七日、都《みやこ》では白《しら》河法皇《かわほうおう》が七七歳で没し、孫の鳥羽上皇《とばじょうこう》▲（二六歳）があらたな「治天《ちてん》」（天皇家《か》の家長《ちょう》）として院政《いんせい》を開始する。時代は大きな転換期を迎えようとしていた。

「奥の御館」の乱と基衡時代の開幕

この鳥羽院政時代（一一二九〜五六〈大治四〜保元《ほうげん》元〉年）、鳥羽院の寵姫《ちょうき》美福門《びふくもん》院《いん》藤原得子《なりこ》の従兄弟で鳥羽院第一の近臣《きんしん》藤原家成《いえなり》▲は、王家領荘園《しょうえん》の設立と拡大に辣腕《らつわん》をふるった。そうしたなか、一一四一（永治《えいじ》元）年、得子の産んだ体仁《なりひと》親王が鳥羽の中宮待賢門院《ちゅうぐうたいけんもんいん》藤原璋子《たまこ》所生の崇徳《すとく》にかわって即位（近衛《このえ》天皇）、王家内部にやがて深刻な亀裂を生み出してゆく。同じころ摂関家《せっかんけ》でも関白忠通《かんぱくただみち》▲と父忠実《ただざね》▲・弟頼長《よりなが》▲の不和がしだいに表面化していった。このように王家・摂関家の二大権門《けんもん》内部に生まれた亀裂に、全国的な荘園乱立の状況が重なって、時代は権力の分裂・抗争と社会の急激な変容の色を濃くしてゆく。奥州藤原氏の代

鳥羽院画像（『天子《てんし》摂関《せっかん》御影《みえい》』天子巻）

▼**鳥羽上皇**　一一〇三〜五六年。堀河天皇第一皇子。在位一一〇七〜二三年。一一二九（大治四）年の白河院死後、崇徳《すとく》・近衛・後《ご》白河の三代二八年間院政を行い、権勢をふるった。

▼**藤原家成**　一一〇七〜五四年。北家末茂流《ほっけすえしげ》。家保《いえやす》の三男。中納言《ちゅうなごん》。子に成親《なりちか》・西光《さいこう》、平重盛《しげもり》の妻がいる。家成の家（善勝寺《ぜんしょうじ》流）は祖父顕季《あきすえ》のとき院近臣として台頭、平

替りが行われ二代基衡《もとひら》の時代が始まったのは、まさにそうしたときであった。

基衡時代は清衡死後の家督争いで幕をあけた。清衡には後三年合戦《ごさんねんかっせん》後に儲けた子として六男三女がいた(『紺紙金銀字交書一切経《こうしょいっさいきょう》』巻第二十二奥書)。後継候補となったのは、長男の「小館《こたち》」惟常《これつね》▲と、次男の「御曹子《おんぞうし》」基衡である(『長秋記《ちょうしゅうき》▲』大治五〈一一三〇〉年六月八日条)。その呼び名からみて、惟常は基衡よりかなり年長で、父から独立し、独自の「館」を構えていたと思われるのに対し、基衡は父とともに平泉館《ひらいずみのたち》内に住んでいたらしい。そして、基衡が「御曹子(御曹司)」と呼ばれていたこと、奥州藤原氏には次子相続の伝統が色濃くみられることからみて、基衡が父の跡を継いだものとみられる。年齢は惟常が当時三十六、七歳、基衡は二十六、七歳前後と推測される。

しかし基衡の継承はスムーズにいかず、彼の治世は内乱で幕をあけることになった。清衡の死後、基衡・惟常の二人が争いを始め、翌年、弓矢を交えるにいたったからである(『長秋記』大治四年八月二十一日条)。内乱は一年近く続き、一一三〇(大治五)年前半、基衡の勝利で終った。惟常は子息・郎従を率いて逃れ、出羽《でわ》から海上にでて越後《えちご》をめざしたが、嵐で吹き戻されたところを基衡の

氏一門とも結び、権勢をふるった。

▼**藤原忠通**　一〇九七〜一一六四年。摂政・関白。忠実の子。一一二一(保安《ほうあん》二)年、父の関白罷免で関白となる。その後父と不和になり氏長者《うじのちょうじゃ》を奪われるが、保元の乱後回復。一一五八(保元三)年、子基実《もとざね》に関白を譲った。

▼**藤原忠実**　六九ページ参照。

▼**藤原頼長**　六九ページ参照。

▼**藤原惟常**　生年不詳。基衡の長男。『長秋記』に名がみえるが、「惟常」は「惟衡」の誤記の可能性がある。『尊卑分脈』が清衡の子として記す「小館家清《いえきよ》」は惟常のことで、家清は彼の最初の名か。

▼**『長秋記』**　左大臣源俊房《としふさ》の次男であった皇后宮権大夫《ごんのたいふ》・中納言源師時《もろとき》(一〇七七〜一一三六)の日記。一〇八七〜一一三六(寛治《かんじ》元〜保延《ほうえん》二)年の記事が現存。

軍勢に攻められ、父子ともども殺害されたという（『長秋記』大治五年六月八日条）。

この「奥の御館《みたち》」の地位をめぐる内乱の詳しい記録は残っていない。しかし兄弟の争いが惟常一家の滅亡にまでいたった背景には、奥州藤原氏の家臣《かしん》の独立性が強く、それぞれが惟常・基衡を押して抗争を深刻にさせた状況があったことが考えられる。この状況を乗りきるため、乱後、基衡は藤原氏当主の権力の確立と家臣団支配の強化に乗りだす。基衡を支えたのは清衡時代以来緊密な関係にあった南奥信夫《しのぶ》郡の郡司《ぐんじ》佐藤《さとう》氏であった。鎌倉《かまくら》時代につくられた『古事談《こじだん》▲』や『十訓抄《じっきんしょう》▲』は、信夫佐藤氏の当主季春《すえはる》▲が基衡の「代々伝われる後見《うしろみ》なる上に乳母子《めのとご》」（季春の母が基衡の乳母）であり、基衡が国守《こくしゅ》藤原師綱《もろつな》▲の進めた国衙《こくが》検注《けんちゅう》に抵抗して武力衝突が起こったとき、身代わりとなって斬首された話を伝える。また次の秀衡《ひでひら》時代、鎌倉に馳せ参じた義経《よしつね》に秀衡がつけた佐藤継信《つぐのぶ》・忠信《ただのぶ》兄弟は「秀衡近親者也」といわれ、最期まで義経に忠誠をつくした。このように信夫佐藤氏は、最有力の家人《けにん》であるとともに、ほとんど一族ともいえる特別な存在であり、「後見」として奥州藤原氏を支えたのである。

これと並行して、基衡は正室に祖母の兄で曽祖父頼時《よりとき》の嫡子（正室の長子）で

信夫佐藤氏略系図（伊勢佐藤家系図より）

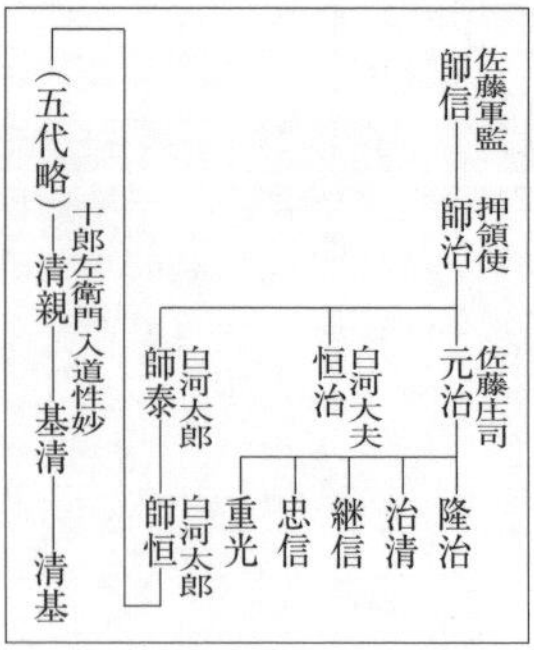

▼**『古事談』** 説話集。源顕兼《あきかね》編。一二一二～一五（建暦《けんりゃく》二～建保《けんぽう》三）年成立。奈良時代末～平安中期の宮廷・僧・武士・神社仏寺などの説話四六二話をおさめる。

▼**『十訓抄』** 説話集。編者不明。一二五二（建長《けんちょう》四）年成立。日本・中国・インドの教訓的説話を集めたもの。

あった安倍宗任《あべのむねとう》▲の娘を迎えた（『吾妻鏡《あずまかがみ》』文治《ぶんじ》五〈一一八九〉年九月十七日条）。みずからが「奥六郡の主」安倍氏を継承する存在であることを強くアピールしたこの結婚が、基衡の権威を高め、権力強化をはかる方策の一環であったことはまちがいない。さらに基衡は、平泉館の南よりの場所に寝殿《しんでん》や主従対面の儀式の場となる大型建物を新築し、あらたな中心地区とした。そこは西北二キロ先に中尊《ちゅうそん》寺《じ》金色堂《こんじきどう》を望み、朝・夕には金色に輝く姿を寝殿から直接あおぎみることのできる場所であった。かくして平泉館の立地について一つの観念が生まれる。「金色堂の正方に宿館を構え、平泉館と号す」。金色堂・平泉館一体の観念である。そこに、金色堂に眠る清衡との一体性を強く主張し、その権威のもとに家臣団の統一をはかるという基衡の戦略があったことは、容易に推測されよう。

　そして、こうした権力強化を基盤に、基衡は奥州藤原氏の勢力拡大を強力に推進した。『尊卑分脈《そんぴぶんみゃく》』は清衡に「陸奥押領使《むつおうりょうし》」、基衡に「六郡押領使・出羽押領使」の注記をつける。基衡はまた、奥羽の摂関家領荘園のうち、あらたに庄内《しょうない》の遊佐《ゆさ》荘、山形盆地の大曾禰《おおそね》荘・屋代《やしろ》荘などを管理し、強力な実効支配を実現した。いずれも基衡による出羽南部への勢力拡大を示すものである。また『尊

▼**佐藤季春**　生没年不詳。文献には「大庄司《しょうじ》季春」とある。季春の名は佐藤系図にはみえないが、季春＝季治で、元治の父師治の従兄弟にあたる人物とみられる。

▼**藤原師綱**　六六ページ参照。

▼**安倍宗任**　生没年不詳。頼時の三男で正室の長子。安倍氏本来の本拠鳥海柵《とりのうみのさく》をあずかり鳥海三郎を称す。厨川《くりやがわ》の戦い後降伏し伊《い》予《よ》に流刑。のち大宰府《だざいふ》に移された。

金色堂正面　平泉館からもこの姿が遠望できた。

卑分脈』は基衡の弟に正衡《まさひら》・清綱《きよつな》の二人をあげるが、奥六郡北部に比爪館《ひづめのたち》を構え嫡宗家につぐ地位を占めた比爪家は、清綱とその子俊衡《としひら》に始まる家であった。

この時代、平泉館（柳之御所《やなぎのごしょ》遺跡）の中心地区に登場した主従対面の場となる四間《けん》×九間の大型四面庇《しめんびさし》建物は、こうした基衡時代の権力強化と家臣団組織化の進展をものがたるものであり、のちの文治五年奥州合戦（頼朝《よりとも》の奥州攻め）で登場する平泉武士団▲は、すでにその基本骨格が形成されていたのである。

毛越寺建立と基衡の試練

かくして基衡の勢力は父清衡を大きく超え、強大かつ広域的なものとなった。のちに秀衡の側近豊前介清原実俊《ぶぜんのすけきよはらのさねとし》▲は、基衡の勢威を「果福《かふく》は父をすぎ、両国を管領す」と述べ（『吾妻鏡』文治五〈一一八九〉年九月二十三日条）、鎌倉時代編纂の『古事談』も「基衡、一国を押領して国司《こくし》の威なきがごとし」と記している。しかも、父清衡による白河法皇御願《ごがん》「鎮護国家大伽藍《ちんごこっかだいがらん》一区」の建立《こんりゅう》や、延暦《えんりゃく》寺・園《おん》城《じょう》寺・中尊寺などでの千僧《せんそう》供養にみるごとく、中央ならば王家や摂関家でなしかできなかった造寺や法会《ほうえ》を行いえた点で、すでに清衡時代、平泉政権は一つ

▼**文治五年奥州合戦の記録（『吾妻鏡』）に登場する平泉武士団**　一族に比爪俊衡・季衡《すえひら》、副将級の武将として金剛別当秀綱《こんごうべっとうひでつな》・下須房秀方《しもすぼうひでかた》、信夫佐藤氏一族に佐藤元治《もとはる》・佐藤秀員《ひでかず》・河辺高経《かわべたかつね》・伊賀良目高重《いがらめたかしげ》、郎等《ろうとう》に若（和賀）九郎大夫《わかくろうたいふ》・若次郎《わかじろう》・金十郎《こんのじゅうろう》・余平六《よへいろく》・伴藤八《ともとうはち》・勾當八《まがりとうはち》・赤田次郎《あかだじろう》、出羽方面の武将に田河行文《たがわゆきぶみ》・秋田致文《むねぶみ》・由利維平《ゆりこれひら》、その他、名取郡司《なとりぐんじ》・熊野《くまの》別当《べっとう》・河田次郎《かわだじろう》ら。

▼**豊前介清原実俊**　生没年不詳。もと朝廷の実務吏僚。奥州に下向して秀衡に仕えた。橘藤四郎《たちばなとうしろう》を名乗り（「人々給絹日記」）、弟に藤《とう》五実昌《ごさねまさ》がいる。橘の名字は和賀郡橘（立花）を領したため。平泉滅亡後は頼朝に仕え、公事奉行人《くじぶぎょうにん》に登用された。

▼**源信雅**　一〇七九〜一一三五年。初名家定。一一二八（大治三）年、陸奥守に補任され、翌年甥の源顕俊《あきとし》に交替するが、三一（大治六）年再任、三五（保延元）年、任期途中で死去。

毛越寺復元合成写真

の地方軍事権門、半独立の地方武家政権といえるものに成長しつつあった。この事実上の北方政権を京都の中央政府にいかに認めさせ、奥羽の「平和」を維持するか、それが「奥の御館」二代基衡に課せられた課題であった。

そうした基衡にとって、時の「治天」鳥羽院に奉仕をつとめつつ、北の世界における自己の勢力を認めさせ、都から赴任した国司と良好な関係を結んでこれと共存することは、基本的な政治路線となった。それはまず、父清衡死去の年に赴任した陸奥守 源《みなもとの》信雅《のぶまさ》（家定《いえさだ》）▲との提携に始まる。信雅は村上源氏《むらかみげんじ》の右《う》大臣顕房《あきふさ》の子で、白河中宮《ちゅうぐう》で堀河《ほりかわ》の母となった賢子《まさこ》や、白河院妃でのち藤原忠実の室となり忠通を産んだ師子《もろこ》を姉妹にもつ名門貴族《きぞく》であった。両者の提携が具体的な形であらわれたのが中尊寺とならぶ巨大寺院毛越寺《もうつうじ》の建立である。その時期は信雅在任中の天承《てんしょう》〜長承《ちょうしょう》年間（一一三一〜三五）とみられ、造営にあたっては信雅の母方の甥仁和寺《にんなじ》御室《おむろ》覚法法親王《かくほうほっしんのう》（白河院皇子、母はのちに忠実の室となった師子）がさまざまな助力を行ったことが推測されている。

毛越寺の建立は、都市平泉の発展にあらたな段階を画するものであった。毛越寺の建立にともなって、その南辺をとおる幅三〇メートル、総延長一キロの

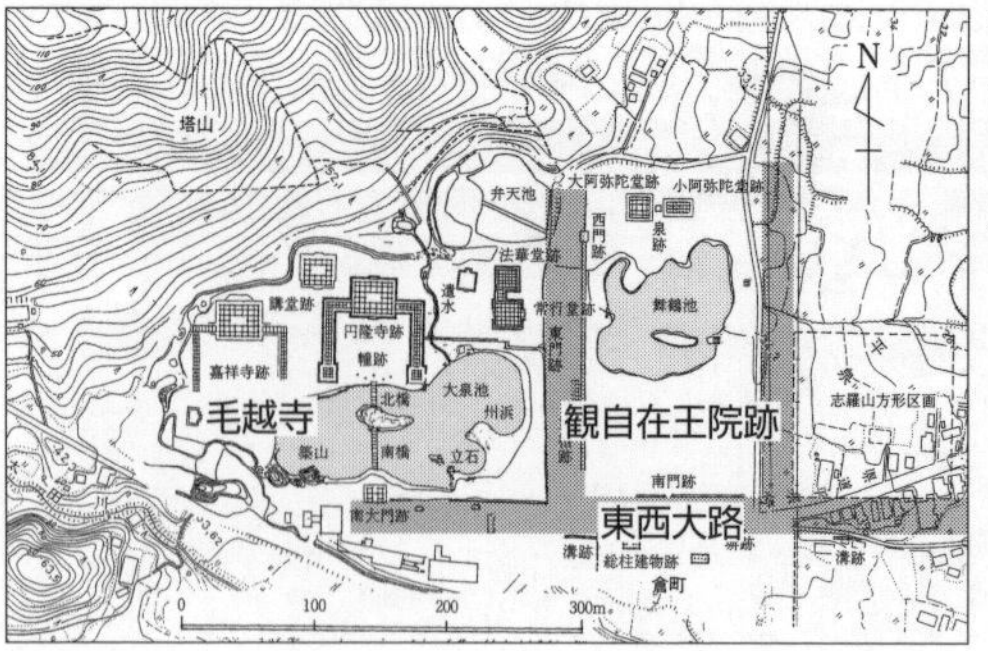

毛越寺伽藍と平泉東西大路(及川司氏による)

東西大路が整備され、さらにこの大路を基軸に一辺四〇〇尺(約一二〇メートル)の方形区画が設定されて、平泉家臣団や、京都から平泉にくだり政権スタッフとなった下級貴族・官僚たちの邸宅が、整備されていったからである。それは「平泉大路」ともいうべき都市平泉のメインストリートの誕生であった。

だが、こうした基衡の勢力の巨大化は、ときに陸奥国司との激しい衝突を招く原因ともなった。それが現実化したのが、源信雅死去後陸奥守となった藤原師綱《もろつな》▲の時代(在任一一三五〜四三〈保延《ほうえん》元〜康治《こうじ》二〉年)である。師綱は宣旨《せんじ》をたてに国衙検注を断行、露骨に国司支配の強化をはかった。そして、その結果が、先に述べた信夫郡司佐藤季春と国司との衝突であり、季春の斬首であった。『古事談』『十訓抄』によれば、このとき「(季春)子息舎弟等五人」もことごとく頸を切られたという。事件後、信夫佐藤氏の家督は一族の師治《もろはる》が継ぎ、その子元《もと》治《はる》(継信・忠信兄弟の父)に継承されるが、基衡最大の試練であった。

陸奥守藤原基成と基衡

この試練を基衡は強力な対中央工作を行うことで乗りきってゆく。工作の対

▼**藤原師綱**　?〜一一七二年。北家師尹《もろただ》流。尹時《ただとき》の子、母は大納言源師忠《もろただ》(後三条《ごさんじょう》天皇の皇子輔仁《すけひと》親王《しんのう》の舅)の娘。一一三五〜四三(保延元〜康治二)年陸奥守、鎮守府将軍を兼任。

象となったのが、鳥羽院の寵姫で新帝近衛の母美福門院藤原得子と、その従兄弟で鳥羽院第一の近臣藤原家成を中心とする、美福門院・院近臣グループであった。その結果、一一四三(康治二)年四月、師綱は転任となり、院近臣藤原忠《ただ》隆《たか》の次男基成《もとなり》が陸奥守に補任される。さらに六月、基成は鎮守府《ちんじゅふ》将軍をかね、奥州に赴任した。基成の家は藤原道隆《みちたか》(道長《みちなが》の兄)の子隆家《たかいえ》を祖とし、祖父基隆《もとたか》のとき白河院近臣となって以後、大国受領《ずりょう》系の院近臣として富強を誇った一族であった。しかも父忠隆は、実務官僚系の最有力院近臣葉室《はむろ》家や同じ院近臣で最大の武門の伊勢平氏《いせへいし》平忠盛《たいらのただもり》▲らと緊密な姻戚関係を結び、忠隆と葉室顕頼《あきより》(顕隆の子)の娘とのあいだにはのちに平治《へいじ》の乱《らん》の首謀者となる弟信頼《のぶより》が生まれていた。こうした家系と人脈をもつ基成が陸奥守兼鎮守府将軍として赴任したことは、平泉の歴史にとって大きな画期となった。しかも陸奥守の地位は、一一五三(仁平《にんぴょう》三)年閏《うるう》十二月、基成が三度目の任期途中で辞任したあと、基成の兄隆教《たかのり》の子隆親《たかちか》、弟信説《のぶとき》、叔父雅隆《まさたか》、従兄弟の源国雅《くにまさ》(伯母の子)、ふたたび叔父雅隆(在任、一一五九〈平治元〉年二月〜六一〈応保元《おうほ》〉年初頭)と、実に二〇年にわたって基成一族が独占する。

▼**平忠盛**《まさもり》　一〇九六〜一一五三年。正盛の長男、清盛の父。白河・鳥羽院の近臣として栄達。正《しょう》四位上《しいのじょう》刑部卿《ぎょうぶきょう》に進み、内昇殿《ないしょうでん》を許されて、平家全盛の基礎をつくった。

藤原基成関係系図

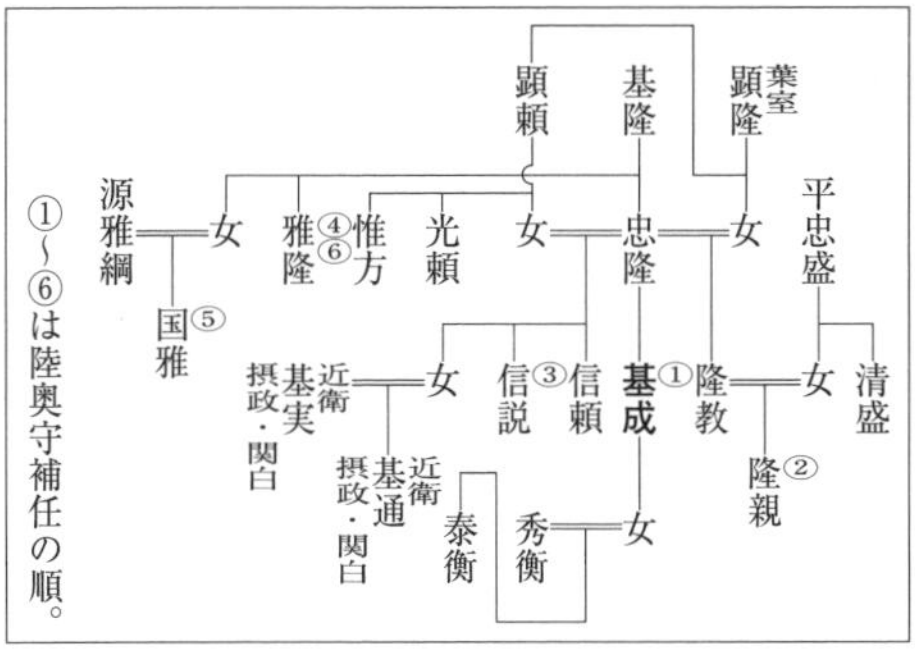

基成の基本路線は、朝廷に対する「恭順」と王家＝鳥羽院への「奉仕」と引きかえに、平泉の勢力を全面的に承認すること、また南奥において基衡の協力のもとで荘園設立を進め、王家（天皇家）領荘園や朝廷官衙《かんが》領を拡大してゆくことであった。奥州藤原氏から王家への「国土貢《くにのどこう》」としての貢馬《こうば》▲が始まったのもこの時代、同じく「国土貢」としての貢金《こうきん》▲も基衡時代からとみられる。そして、基衡は後継者秀衡の正室に基成の娘を迎えた。二人の結婚は基成在任中の一一五一～五二（仁平元～二）年ごろと考えられる。

もとより、それは、奥州藤原氏が中央権力に組み込まれたことを意味するものではない。事実はまったく逆であった。すでに①章で述べたように、これ以降も平泉の「本領」ともいうべき北奥羽の地には荘園がまったく設立されなかったことが、なによりの証拠である。基成も王家領荘園の設立を進めた藤原家成も、平泉以北の北奥羽には手をつけなかったのである。そしてまた、平泉仏教のあり方も清衡時代以来の性格が変わることはなかった。このように、基成時代＝鳥羽院政後期の奥羽政策とは、南奥を除く奥羽の大部分に対する平泉政権の支配を認め、そのもとで基衡が日本国に服属する地方政権の主として、「国

▼奥州藤原氏の貢馬と貢金　奥州の馬は北奥の糠部《ぬかのぶ》・閉伊《へい》・久慈《くじ》郡、金は奥六郡と気仙《けせん》・本吉《もとよし》郡一帯が主産地で、奥州藤原氏は奥六郡の主＝鎮守府の支配者として、これらの馬・金を「国土貢」（陸奥国の産物で中央への儀礼的貢進物となっていたもの）として朝廷に貢納する地位にあった。

藤原頼長画像（『天子摂関御影』大臣巻）　摂関家の勢力回復につとめ、奥羽の摂関家領荘園の年貢増徴をはかって、基衡と激しく衝突した。

土貢」の貢進を請け負うというものだったといえる。

実は、こうした政治路線は初代清衡以来藤原氏が求めてきたものであった。陸奥守基成はこの平泉の基本路線を全面的に承認したのである。彼がそうした譲歩をした背後には、政界の分裂によって緊迫してゆく鳥羽院政後期の京都の政治情勢があった。とくに基成ら院近臣にとって脅威であったのが、王家と並ぶ独立の「権門」摂関家主流派(忠実《ただざね》▲・頼長《よりなが》▲)の動きであった。この時期、摂関家は荘園の集積と、家人《けにん》・興福寺悪僧《こうふくじあくそう》・摂関家領荘官《しょうかん》らからなる武力の組織化を進めており、その中心になったのが河内源氏《かわちげんじ》源為義《ためよし》▲らの武士勢力であった。こうしたなかで、奥羽の地に半独立的な勢力を形成する奥州藤原氏を王家側につなぎ止めておくことは、美福門院派の院近臣グループにとって必須の課題だったはずである。この政治力学は、その後も頼朝挙兵後の内乱時代まで一貫して続き、平泉政権の政治的位置を決定する要素となる。

そして、この時代、基衡は中央文化を積極的に平泉に導入する。まず京都の手づくねかわらけの模倣が始まり、平泉館での宴会儀礼に大々的に導入された。尾張《おわり》・三河《みかわ》両国の常滑《とこなめ》・渥美窯《あつみよう》製品が平泉に持ち込まれ、渥美の陶器工人が招

▼**藤原忠実**　一〇七八〜一一六二年。師通《もろみち》の子。父の死後内覧《ないらん》・氏長者、一一〇五(長治《ちょうじ》二)年関白となり、摂関家再建につとめた。一一二一(保安二)年白河院の怒りを買い辞任。院死後政界に復帰、次男頼長を押して嫡子忠通と対立。保元の乱後籠居《ろうきょ》。

▼**藤原頼長**　一一二〇〜五六年。忠実の次男。左《さ》大臣。父の寵愛をえて兄忠通から氏長者の地位を奪い、一一五一(仁平元)年内覧。一一五五(久寿二)年鳥羽院の信を失い失脚、保元の乱を起こすが敗死。

▼**源為義**　一〇九六〜一一五六年。義家《よしいえ》の孫、義親《よしちか》の子。一一〇九(天仁《てんにん》二)年、源義忠《よしただ》殺害事件後、義綱《よしつな》追討に登用されて家督を継承。保元の乱で崇徳上皇方につき、乱後死罪となった。

かれて北上川河口近くに藤原氏専用の窯＝水沼《みずぬま》窯が開かれたのも、この時代であった。柳之御所遺跡（平泉館）で大型四面庇建物が建てられ、平泉館が京都風ともいえる景観を呈していったのも、基衡時代である。そして、それは平泉の都市整備にまでおよんだ。基衡時代後期、東西大路《おおじ》（平泉大路）に直交する南北大路の建設・整備が進められ、平泉は京都近郊の鳥羽・白河・宇治《うじ》にも似た「方角地割《ほうかくちわり》」をもった都市景観を呈するにいたる。それはまさに、都市平泉が本格的な「北方政権の首都」へと発展したことをものがたるものであった。

鎮守府将軍藤原秀衡

奥州藤原氏二代基衡は、父清衡の死から二九年後の一一五七（保元二）年ごろ没し、嫡子秀衡が三代目を継承した。これは『平泉実記《じっき》』▲など近世の地誌・縁起が伝えるものだが、三代秀衡の死がその三〇年後の一一八七（文治三）年であったことや（『吾妻鏡』文治三年十月二十九日条）、平泉滅亡後、秀衡の側近豊前介《ぶぜんのすけ》実俊が三代の治世は各三三年と語っていることから（『吾妻鏡』文治五〈一一八九〉年九月二十三日条）、基衡の死▲をこの時期とみて大きな誤りはあるまい。推定年齢

▼**『平泉実記』** 仙台藩気仙郡高《たか》田《だ》村（現在の陸前《りくぜん》高田）の医師で儒《じゅ》学《がく》・歴史学者であった相原友直《あいはらともなお》が一七五一（寛延《かんえん》四）年に著わした史書。全五巻。『吾妻鏡』文治五（一一八九）年奥州合戦の記事を中心に『陸奥話記』や『中尊寺経蔵文書《きょうぞうもんじょ》』などの記事を加え叙述を行った。

▼**基衡の没年** 『平泉実記』は清衡の平泉開府を一〇九四（嘉保《かほう》元）年とし、秀衡死去の一一八七（文治三）年までを三等分して、清衡三三年、基衡三三年、秀衡三一年とする。基衡没年一一五七（保元二）年はこうした計算の産物だった可能性が高い。

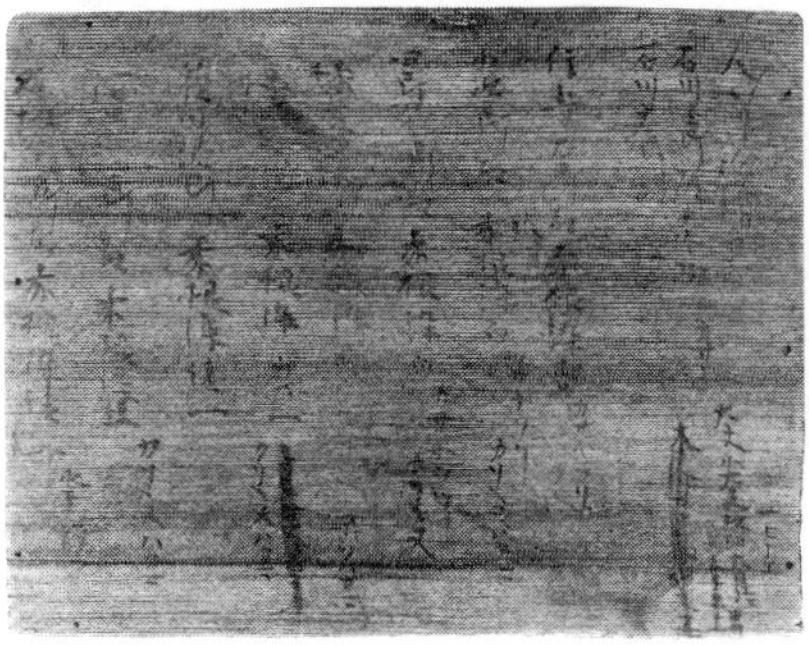
「人々給絹日記」の墨書がある折敷

▼**「人々給絹日記」**　柳之御所遺跡出土の墨書《ぼくしょ》文字史料。廃棄された折敷《おしき》の裏に「人々給絹日記」の表題と一〇人余の人名、各人に給与される絹織物の装束のリストが記されている。平泉館で行われた儀式の際に給与する装束を用意するために書かれたメモか。

は五十五、六歳。また三代秀衡の推定死亡年齢は六十三、四歳、基衡二十三、四歳の一一二四〜二五（天治元〜二）年ごろの生まれとみられる。

基衡の子について、『尊卑分脈』本文は秀衡のみを記すが、基衡の弟清綱《きよつな》の子火爪《ひづめ》（比爪）俊衡《としひら》に「秀衡舎弟也」と注記し、「或本《あるほん》」では基衡の第二子とする。これは、基衡が子俊衡を弟清綱の養子として、比爪家を継がせたものと理解されよう。また柳之御所遺跡から発見された「人々給絹日記《ひとびとにたまうきぬにっき》」▲は、秀衡の長男国衡《くにひら》を「信寿《しんじゅ》太郎」、次男泰衡を「小次郎《こじろう》」（次郎の次男の意味）と記しており、二人の父秀衡も次郎であったことになる（秀衡の兄＝基衡長子は若死したものか）。さらに、基衡と正室である宗任の娘との結婚は、彼の家督継承後と推測されるから、秀衡の母は基衡が御曹司時代に迎えた最初の妻であった可能性が高い。ともあれ、基衡から秀衡への相続は紛争のない平和なものであった。奥州藤原氏の歴史上はじめての事態で、そこに基衡時代に達成された藤原氏当主の権威・権力の確立と、平泉政権の安定をみることができよう。

秀衡は父基衡生前の一一五一〜五二（仁平元〜二）年ごろ、陸奥守藤原基成の娘を正室に迎えた。これ以前、秀衡は信夫庄司佐藤氏一族の娘と思われる女性

▼**慈円**　一一五五〜一二二五年。平安末〜鎌倉初期の摂関家出身の天台座主、大僧正《そうじょう》。九条兼実の弟。

▼**『愚管抄』**　慈円の著になる歴史書。一二二〇（承久《じょうきゅう》二）年成立。全七巻。歴史の法則を「道理」ととらえ、上古から承久の乱直前までを透徹《とうてつ》した視点で叙述した。

『平治物語絵詞』（三条殿夜討巻）

とのあいだに長子国衡（幼名信寿丸）を儲けていた。のち都市平泉の「西木戸《にしきど》」に屋敷を構え、「西木戸太郎」を称して平泉政権内に重要な地位を占める。続いて一一五五（久寿《きゅうじゅ》二）年、正室の基成娘が泰衡を産む。元服《げんぷく》して「小次郎」を名乗り、御曹司として父秀衡の平泉館、のち加羅《から》御所内に住んだ。秀衡の子には、ほかに三男忠衡《ただひら》、四男高衡《たかひら》（隆衡）がいたが、泰衡より一〇歳以上若く、父秀衡を助けて平泉政権を構成したのは、「父太郎」「他腹嫡男」の国衡と、「母太郎」「当腹太郎」と呼ばれた泰衡の二人であった。それに、先に述べた比爪家一族と「代々伝われる後見」の信夫佐藤氏が一門の中枢を構成した。

　だが、秀衡の時代は奥州藤原氏があらたな困難に直面した時代でもあった。秀衡が平泉館の主となったとき、時代は急速に内乱の時代にはいりつつあったからである。一一五六（保元元）年七月、都では鳥羽院が没し、保元の乱が起こった。のちに天台座主《てんだいざす》慈円《じえん》▲が述べたように、この乱は、世の中に「乱逆」が起こり「武者《むしゃ》の世」となった出発点として、記憶された事件であった（『愚管抄《ぐかんしょう》』▲）。乱後、王家・摂関家は大きく権威・権力を失墜し、院近臣と武士勢力が連合して権力闘争を展開する時代が始まる。さらに三年後の一一五九（平治元）年十二月の平治の乱の結果、平清盛《きよもり》▲率いる平家一門が国家の軍事・警察権を掌握、清盛は軍事力を背景に国政を左右する存在にのし上がった。

その六年後の一一六五（永万《えいまん》元）年、二条《にじょう》天皇が死去し、清盛と後白河上皇▲の提携がなる。清盛は一一六七（仁安《にんあん》二）年、太政《だいじょう》大臣に任じられた後、三カ月で辞任、翌年出家し、六九（同四）年春、摂津福原《せっつふくはら》▲に退隠したが、その後も「入道前大相国《にゅうどうさきのだいしょうこく》」として六波羅《ろくはら》の平家一門や親平家派の公卿《くぎょう》を通じて国政を動かし続けた。いわゆる平氏政権である。こうしたなかで秀衡に課せられたのは、都や全国の動きにどのようにかかわってゆくか、平家や後白河からの働きかけに対して、いかなる対応をとるかという課題であった。

秀衡の路線は、中央からの働きかけは受け入れるが、それに全面的に依拠することはせず、むしろ利用しながら積極的・意識的に「自立と独立」の道をあゆむ、これであった。この道は、やがて一一八〇（治承《じしょう》四）年五月の以仁王《もちひとおう》▲・源頼政《よりまさ》▲の挙兵に始まる全国的な内乱のなかで、西の平家、東の頼朝に対する、北の秀衡という、「天下三分」による「北方の自立」の道を追求し、合従《がっしょう》・連衡《れんこう》、必要とあらば全面的な戦いも辞さない、という選択へと進んでゆく。

▼**平清盛**　一一一八〜八一年。忠盛の子。実父は白河法皇といわれる。太政大臣。平家全盛を実現。

▼**後白河上皇**　一一二七〜九二年。鳥羽院第四皇子。在位一一五五〜五八（久寿二〜保元三）年。譲位後三〇年余にわたり院政を行い、平安末期の動乱の時代をしたたかに生き抜いた。

▼**摂津福原**　現在の神戸《こうべ》市兵庫区と中央区の一部。一一六二（応保二）年ごろ平家領となる。大輪田泊《おおわだのとまり》を含む平家の重要拠点で一門の別荘が設けられた。一一八〇（治承四）年六〜十一月福原遷都《せんと》。

▼**以仁王**　一一五一〜八〇年。後白河院第三皇子。鳥羽院の娘八条院暲子内親王《はちじょういんあきこないしんのう》の養子となり、妻も八条院女房高階盛章《にょうぼうたかしなもりあき》娘。

▼**源頼政**　一一〇四〜八〇年。摂津源氏頼光《よりみつ》流の嫡流。頼光の玄孫、仲政《なかまさ》の子。平治の乱で義朝《よしとも》が没落したのちは武門《ぶもん》源氏を代表。

平清盛像（六波羅蜜寺）

▼**清盛の宋への遺使**　一一六九（嘉応元）年の宋への遺使は中国の『文献通考《ぶんけんつうこう》』に記事があり、清盛の派遣とみられる。

▼**九条兼実**　一一四九〜一二〇七年。藤原忠通の三男。源頼朝の後押しで一一八六（文治二）年摂政、九一（建久《けんきゅう》二）年関白となるが、九六（同七）年失脚。

▼**『玉葉』**　関白九条兼実の日記。一一六四〜一二〇〇（長寛《ちょうかん》二〜正治《しょうじ》二）年の記事がある。平安末〜鎌倉初期の政治史研究の根本史料。

一一七〇（嘉応《かおう》二）年五月、秀衡は従五位下《じゅごいのげ》鎮守府将軍に任じられた。奥羽在地勢力の鎮守府将軍任命は、これ以前、清原武則《きよはらのたけのり》と真衡《さねひら》の例があるが、平時における任命は秀衡が最初（かつ最後）であった。実は、その前年、清盛は福原に退隠したあと、日宋《にっそう》貿易の本格的推進に着手し、明州《めいしゅう》（寧波《ニンポー》）の「綱首《こうしゅ》」に託して宋帝国に使者を派遣していた。▲この清盛の遺使をきっかけに、この年九月、宋朝の返礼使が来朝、日宋間の本格的外交が始まる。異例の秀衡鎮守府将軍任命が、「唐物《からもの》」支払いの手段である奥州金確保のために清盛が廟堂に働きかけたものであったことは、十分に考えられよう。この事態を、摂関家の九条兼実《くじょうかねざね》▲は日記『玉葉《ぎょくよう》』▲に「奥州の夷狄秀平《いてきひでひら》、鎮守府将軍に任ぜらる、乱世の基なり」（嘉応二年五月二十七日条）と記したが、補任を受けた秀衡自身、平氏政権下で王朝国家の官職・権力のシステムが急速に変質・解体し、時代が大きく動きはじめたことを、敏感に感じとったにちがいない。

そして、続く一一七〇年代後半（安元《あんげん》・治承年間）、内乱前夜の政治不安と政変・クーデタの頻発のなかで、亡命や流刑《るけい》で平泉に流入してくる貴族や王族がにわかに増加する。有名な義経▲のほか、「平泉姫宮▲」と呼ばれた後白河院の皇女とその曽祖母「肥後守資隆《ひごのかみすけたか》入道母」、鹿ヶ谷《ししがたに》事件（一一七七〈安元三〉年）で奥州に流刑となった前山城《やましろ》守中原基兼《なかはらのもとかね》▲、等々。その結果、一一七〇年代末の平泉は、平治の乱後配流《はいる》されていた秀衡の舅藤原基成らも含めて、多数の公武《こうぶ》の貴族が集まる独特の世界を形成するようになっていった。

秀衡の飛躍と平泉大改造

こうした状況のなかで、秀衡はみずからの鎮守府《ちんじゅふ》将軍任命を、平泉のさらなる飛躍のために最大限に利用した。まず、この補任を契機に、奥州藤原氏は「秀郷《ひでさと》将軍嫡流之正統」▲を名乗る「北の鎮守府将軍家」として、源氏・平氏に匹敵する軍事貴族であるとの主張を行うようになる。一一七三（承安《じょうあん》三）年、秀衡が高野山《こうやさん》五大多宝塔《たほうとう》の本尊金色釈迦如来《しゃかにょらい》像の開眼供養に莫大な財貨を寄進し、「奥州鎮守府将軍藤原朝臣《あそん》は、将帥《しょうすい》累葉の家に生まれて、勢徳希世《きせい》の人なり」と願文《がんもん》に記されたのは（「高野山検校《けんぎょう》阿闍梨《あじゃり》定兼《じょうけん》塔供養願文」『続群書類従』釈家部）、その成果であった。それはまた、都市平泉の大改造と、あらたな変容を引き起こす契機ともなった。平泉館（柳之御所遺跡）の大改造、「新御堂《しんみどう》」と呼ばれた無《む》

▼**源義経**　一一五九～八九年。義朝の九男。母は九条院雑仕常磐《ぞうしときわ》。平治の乱後鞍馬寺《くらまでら》にあずけられたが、一一七四（承安四）年一六歳のとき鞍馬山を出奔《しゅっぽん》し平泉に赴いた。

▼**平泉姫宮**　『吾妻鏡』文治六（一一九〇）年六月二十三日条にみえる女性。生没年不詳。後白河院の落胤《らくいん》で母は肥後守《ひごのかみ》藤原資隆《すけたか》の娘。近衛天皇中宮九条院藤原呈子《しめこ》に仕え、九条院死後、曽祖母（資隆の母）とともに平泉にくだり、秀衡から「宮」として遇された。

▼**中原基兼**　生没年不詳。後白河院近臣。山城守《やましろのかみ》。陸奥国流刑後は秀衡に従い平泉で活動。平家滅亡後も秀衡に引き留められた。

▼**秀郷将軍嫡流の正統**　『吾妻鏡』文治五（一一八九）年九月七日条に泰衡の郎等由利維平《ゆりこれひら》が述べた言葉として「故御館（秀衡）は秀郷将軍嫡流の正統として已上三代鎮守府将軍の号を汲む」とある。

無量光院（復元CG）

柳之御所遺跡の新期周壕
（発掘調査風景）

量光院《りょうこういん》の建立、祇園《ぎおん》・今熊野《いまくまの》・稲荷《いなり》・北野天神《きたのてんじん》など都の神社を移し「悉《ことごと》くもって本社の儀を摸《も》す」といわれた平泉四方鎮守の設置などが、その内容である。それは一面では「北の鎮守府将軍家」にふさわしい都市づくりであり、もう一面では、首都京都を意識し、秀衡を主人（保護者）に、公・武の貴族や王家の一族も居住する、「北の王都」づくりともいえるものであった。

平泉館の改造は、清衡・基衡時代の周壕を埋め、その内側に幅一四メートル・深さ五メートルの一回り規模の大きい周壕（空堀）を構築することから始まった。この改造が行われたのは十二世紀後半。「北の鎮守府将軍家」のステイタスともいえる施設で、秀衡の鎮守府将軍補任が契機になった可能性もある。

これに続く事業が、「新御堂」無量光院の建立と、「常の居所」加羅御所の造営、平泉館内部の大幅な改編である。無量光院は「極楽《ごくらく》いぶかしくば宇治《うじ》の御寺を敬へ」といわれた宇治平等院《びょうどういん》を忠実に摸した「新たな御堂」であり、「北の地の極楽浄土《じょうど》」であった。それはまた、平泉ではじめて出現した一〇〇%京都模倣の建築であり、「日本国の都」京都を意識して「北の王都」平泉の整備を開始した秀衡の意図を示すものでもあった。この無量光院は平泉館の西、猫間《ねこま》が淵《ふち》の対

無量光院と金鶏山の夕景（復元CG）

▼省帳田文　省帳は八省が管理する帳簿、とくに民部省が保管する土地台帳、またはその写し。田文は一国内の所領の田数・領有関係を記した土地台帳で、図田帳《ずでんちょう》ともいう。本来国府にあったもの。

▼鹿ヶ谷事件　一一七七（安元三）年六月一日、藤原成親《なりちか》・僧西光らが逮捕され発覚した陰謀事件。僧俊寛《しゅんかん》の鹿ヶ谷山荘に後白河院や院近臣が集まり清盛殺害を謀議した。

岸に造営され、盂蘭盆会《うらぼんえ》の日（陰暦七月十五日）と翌日の清衡の命日には、（正面の池畔からみたとき）日没の夕日が本堂阿弥陀堂背後の金鶏山《きんけいざん》山頂に落ちるよう設計されていた。そして、その東門外の一郭には秀衡の「常の居所」加羅御所が設けられ、一方、平泉館はより政庁としての機能を強めた施設へと改造された。秀衡時代後期、平泉館には「奥州羽州両国省帳田文《しょうちょうたぶみ》▲已下文書」が集められ（『吾妻鏡』文治五〈一一八九〉年九月十四日条）、奥羽統治の中枢部となっていた。

それだけではない。平泉館・加羅御所・無量光院の三点セットの出現は、都市平泉の構造と景観にも大きな変化を引き起こした。付近一帯が無量光院の地割を基準に大規模再開発がなされ、平泉の新都心を形成するようになったからである。この無量光院創建、加羅御所造営の時期は、一一七〇年代後半の時期とみられる。中央では鹿ヶ谷事件▲（一一七七〈安元三〉年六月）の勃発で、清盛と後白河院の対立が表面化し、政局の激動が始まった時期である。

同じ時期、平泉では市街の中心部におかれた惣社《そうじゃ》を中心に、東西南北の四方に都の諸社を勧請《かんじょう》した鎮守が設けられていった。東方鎮守日吉《ひえ》・白山《はくさん》社、南方鎮守祇園社・王子《おうじ》諸社、西方鎮守北野天神・金峯山《きんぷせん》社、北方鎮守今熊野社・稲

平泉大路(毛越寺門前，倉町《くらまち》付近)**のにぎわい**(復元CG)

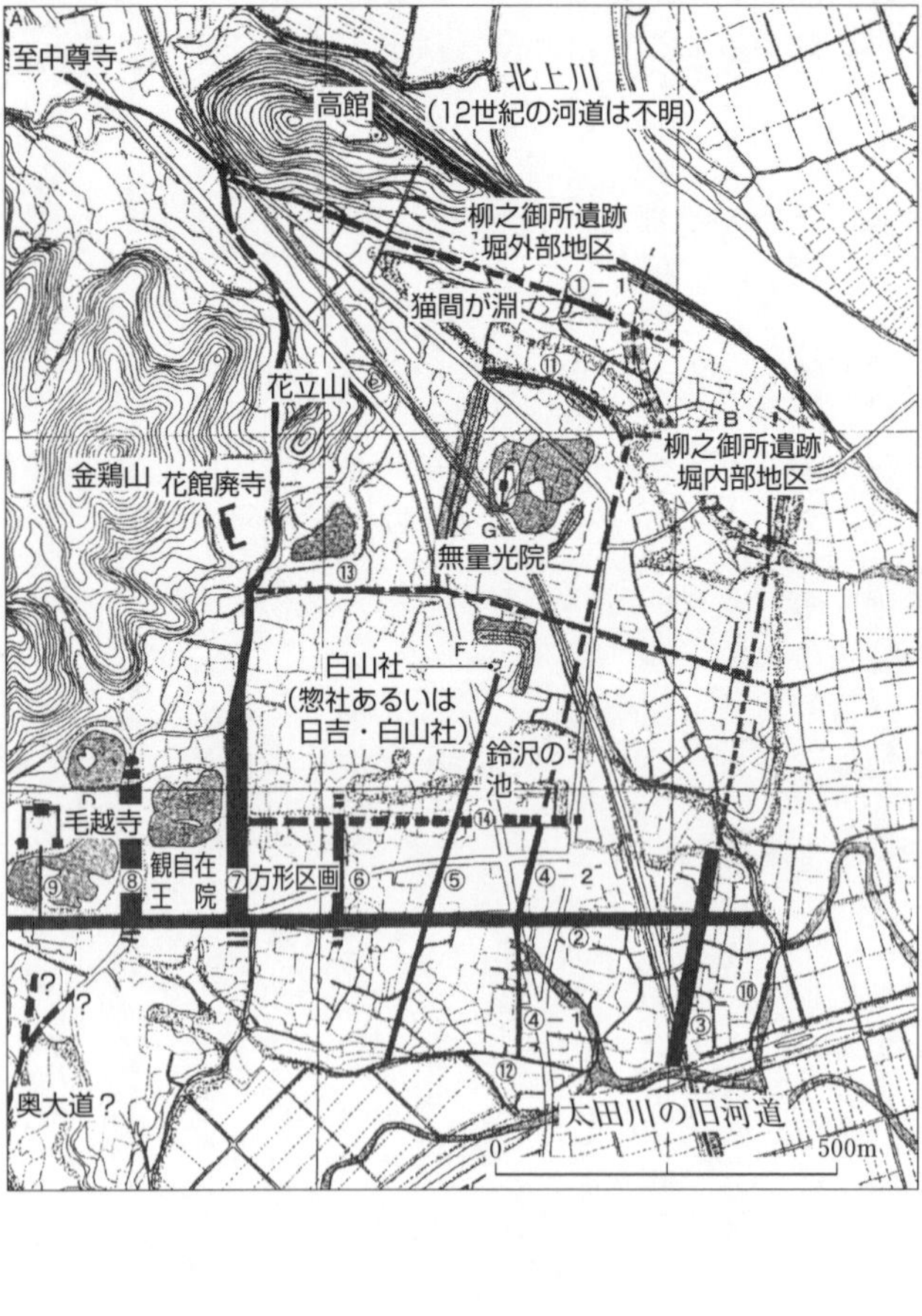

秀衡時代後期の都市平泉中心部復元プラン(羽柴直人氏による。キャプションを一部修正)

現在の平泉

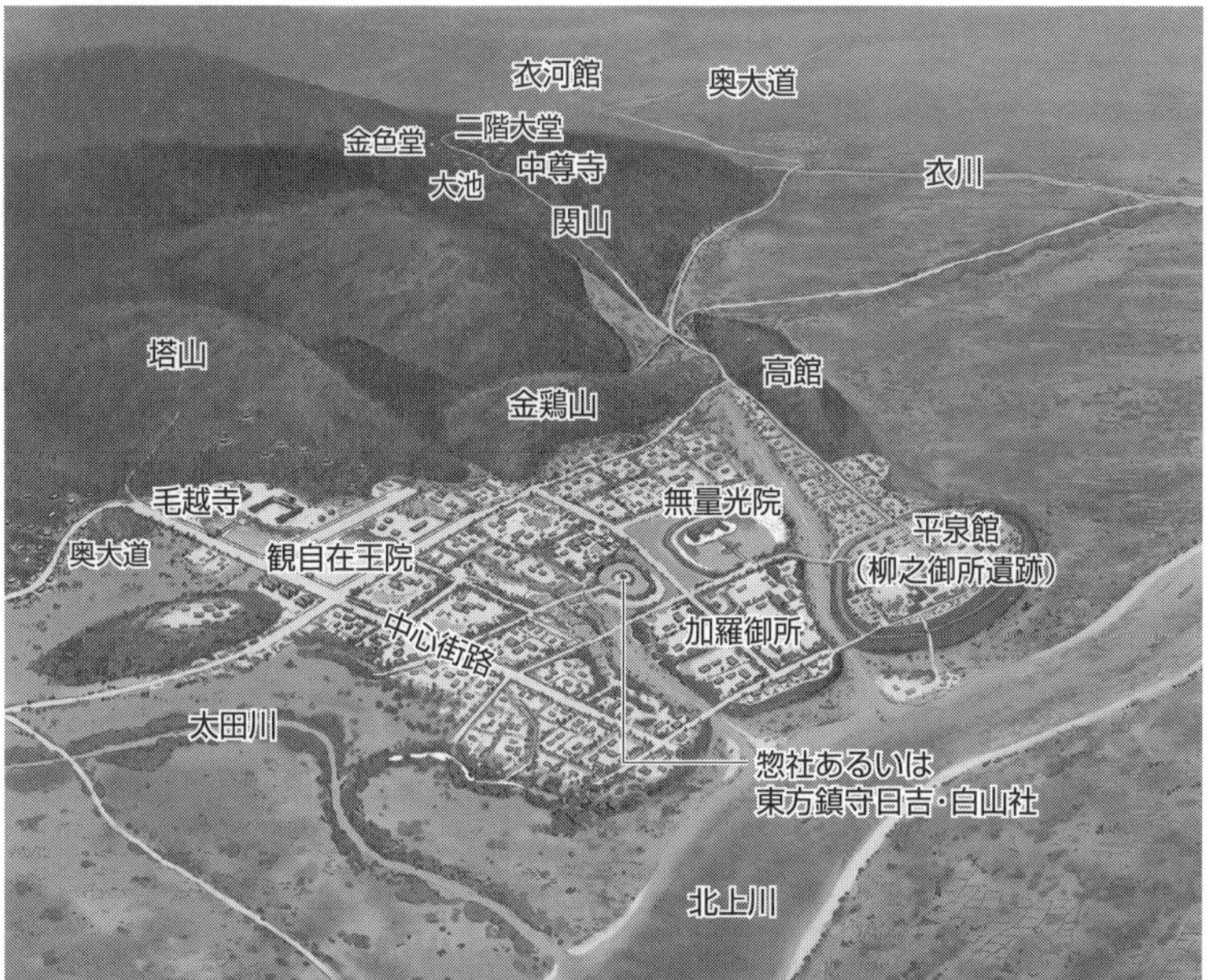

12世紀後期の平泉（推定復元図。監修：菅野成寛・八重樫忠郎・羽柴直人氏，イラスト：板垣真誠氏。キャプションを一部修正）

京の祇園御霊会のにぎわい(『年中行事絵巻』巻9)

▼**六箇度大法会**　文治五(一一八九)年の寺塔已下注文に「年中恒例法会事」として記される行事。「六箇度大法会」の名は嘉元三(一三〇五)年三月日中尊寺衆徒《しゅうと》重《かさねての》申状案《もうしじょうあん》(『中尊寺文書』)にみえる。

荷社。これら諸社は、都市平泉を守る神として勧請されたものであったが、都の鎮守のトップである八幡・賀茂などの神社をおかず、北野天神や金峯山社など、御霊社・霊山神をもって構成したことに特徴があった。

そして、この四方鎮守の整備を契機に、「六箇度《ろっかど》大法会」▲と呼ばれる平泉の法会＝年中行事の体系が整えられてゆく。それは、二月常楽会《じょうらくえ》(涅槃会《ねはんえ》)、三月千部会・一切経会《いっさいきょうえ》、四月舎利会《しゃりえ》、六月新熊野会・祇園会、八月放生会《ほうじょうえ》、九月仁王会《にんのうえ》の、六つの法会・祭礼である。これらのうち、三月十六日に行われる千部会・一切経会は、一一二六(大治元)年三月の中尊寺「大伽藍一区」落慶《らっけい》法要を起源とする平泉最大の法会、八月放生会は、国家の武神石清水《いわしみず》八幡宮で行われた都の放生会と異なり、神輿渡御《しんよとぎょ》を略した「中尊寺会」として行われたもの、九月仁王会も、諸国の国府惣社《こくふそうじゃ》で挙行された仁王会にならって、九月九日、平泉の惣社で挙行されたものである。さらに、新熊野会・祇園会(六月十五日)は、後白河院が御所法住寺殿《ほうじゅうじどの》に勧請した今熊野社の行事として、祇園御霊会とセットの都の祭礼として一一七二(承安二)年に始めたものを、平泉に移したものであった。まさに「六箇度大法会」の成立は、「自立と独立」の奥州藤原氏政権の首都＝「北の都」平泉の完成を象徴するものであった。

天下三分から平泉幕府構想へ

　鹿ヶ谷事件から二年後の一一七九（治承三）年、天下の形勢は急激に動きはじめた。この年十一月、たび重なる後白河の挑発に怒った清盛は、軍勢数千騎を率いて福原《ふくはら》から上京、都を制圧するとともに、関白藤原基房《もとふさ》▲を罷免、後白河を鳥羽離宮《りきゅう》に幽閉して朝廷を完全に支配下においた。いわゆる平家の軍事クーデタである。この平家の軍事独裁に対して、翌年五月、以仁王・源頼政が挙兵し、平家打倒を呼びかける令旨《りょうじ》を諸国の武士に発する。この令旨を受け、八月、源頼朝が伊豆《いず》に、九月には義仲《よしなか》▲が信濃《しなの》、武田信義《たけだのぶよし》▲が甲斐《かい》で挙兵、十月二十日の富《ふ》士川《じがわ》合戦における平維盛《これもり》▲率いる追討軍の敗北によって、東国《とうごく》は頼朝ら反乱勢力の手に落ちた。さらに十一月には美濃《みの》・尾張《おわり》・近江《おうみ》などでも源氏勢力があいついで蜂起し、状勢は一挙に全国的な内乱へと突入していった。

　こうした状況のなかで清盛は必死の巻き返しをはかった。とくに関東を押さえた頼朝に対抗する勢力として期待されたのが奥州の藤原秀衡であり、義仲や

▼**藤原基房**　一一四五〜一二三一年。忠通の次男。一一六六（仁安元）年、兄基実の早世で摂政となり、七二（承安二）年関白。平家没落後、義仲と提携するが、義仲滅亡で失脚。

▼**源義仲**　一一五四〜八四年。源義賢《よしかた》（義朝の弟）の次男。父の死後、信濃の中原兼遠《なかはらかねとお》に庇護されて成長。一一八三（寿永《じゅえい》二）年七月、平家を追い入京するが、翌年一月、頼朝の派遣した軍に敗れ、討死。

▼**武田信義**　一一二八〜八六？年。清和《せいわ》源氏義光《よしみつ》流。清光《きよみつ》の子。甲斐源氏の棟梁として独立の勢力を形成したが、その後頼朝に従属。抑圧を受け、失意のうちに死去。

▼**平維盛**　一一五九〜八四年。重盛《しげもり》の長子。富士川の戦いや一一八三（寿永二）年の北陸遠征で平家軍を率いるが惨敗。一の谷《いちのたに》の戦い後一門から離脱し、紀伊の那智《きいのなち》で入水《じゅすい》した。

甲斐源氏に対しては越後の「白川御館《しらかわのみたち》」▲城氏への呼びかけがなされた。一一八〇（治承四）年十一月以降、清盛の使者が頻繁《ひんぱん》に秀衡・城助永《じょうすけなが》▲のもとに派遣され、平家方への与同と頼朝・義仲に対する攻撃が要請される。その結果、十一月下旬、城助永は平家方への参戦を承諾し、翌一一八一（治承五・養和元）年六月、助永死去のあとを継いだ弟助職《すけもと》が信濃に侵攻するが、千曲川《ちくまがわ》の戦い（横田河原《よこたがわら》の戦い）で大敗、国内在庁官人以下の反抗にあい、本拠地に追い込まれてしまう。

　これに対して秀衡の姿勢は慎重かつ巧妙であった。彼は清盛からの要請に、その都度承諾の返事を送ったらしいが、実際に動くことはなかった。それどころか、同年六月の横田河原の戦いで城氏が大敗すると、早速、その支配下にあった会津《あいづ》に侵攻し、城氏勢力を一掃した▲（『玉葉』治承五年七月一日条）。このように、秀衡の行動は、奥州を動かず、武装中立路線を続けて、北方政権を守り続けるというものであった。この路線は、同年八月の平宗盛《むねもり》の要請による陸奥守補任▲後も不変であったが、一方で、頼朝に敗れた常陸《ひたち》の佐竹隆義《さたけたかよし》など、関東から追われた反頼朝派の武士たちを受け入れ、会津占領によってこれまで支配のおよばなかった南奥に勢力を伸ばすなど、内乱期の情勢を利用してさらなる勢

▼**白川御館**　越後城氏は越後国白河荘（新潟県阿賀野《あがの》市一帯）に本拠をおき、国人《こくじん》から「白川御館」と呼ばれた。

▼**城助永（資永）**　?〜一一八一年。資国《すけくに》の長子。母は清原武衡《たけひら》の娘。白河荘を本拠に越後北部から会津一帯に勢力を有す。摂関家に仕え、鳥羽院下北面《ほくめん》・検非違使《けびいし》として都でも活動。一一八一（養和《ようわ》元）年春、義仲攻撃の準備中に病死、弟助職（長茂《ながもち》）があとを継いだ。

▼**城氏と会津**　会津地方は十一世紀以来城氏の勢力圏で、摂関家領蜷河《にながわ》荘の支配にかかわり、「城の二十八館」の伝承もある。横田河原の戦いでは助職は恵日寺《えにちじ》など会津の兵を動員し、敗北後「藍津《あいづ》之城」に引き籠ったという。

▼**秀衡の陸奥守補任**　一一八一（養和元）年八月十五日、清盛死（同年閏二月）後の平家の総帥となった宗盛の要請により、藤原秀衡

力拡大もはかっている。こうした秀衡の動きは、鎌倉の頼朝にとって大きな脅威であり、その行動を著しく制約すると同時に、頼朝をおびやかす勢力として、京都の支配層からは期待され続けたのである。まさに、内乱期の奥州藤原氏は「天下三分して、その一を領し」たのであった。

だが、一一八五(文治元)年三月の平家滅亡と、同年十月の義経の挙兵およびその失敗▲は、情勢をさらに一変させた。一一八〇年以来の内乱はほぼおさまり、頼朝の強大な軍事権力が奥羽を除く日本国の全域におよびはじめたからである。それは、平泉政権の成立を可能にした十一世紀末期以来の政治的条件も、「天下三分」をもたらした政治権力の東西分裂も、ともに解消させるものであった。いわば平泉「北方政権」それ自体の存続の危機をもたらす重大な変化であった。

一一八六(文治二)年四月、頼朝はそれまで秀衡が行ってきた陸奥国の貢馬・貢金が、東海道惣官《とうかいどうそうかん》たるみずからの支配に属するものであるとして、都への進上権を接収しようとした▲(『吾妻鏡』文治二年四月二十四日条)。明らかに奥州藤原氏を鎌倉の管轄下に編入しようとする企てである。

ここにいたって秀衡は伝統的路線の転換に踏み切る。表向き頼朝に従いつつ

が陸奥守、城助職が越後守に補任、秀衡はさらに鎮守府将軍にも任じられた。

▼**義経の挙兵と失敗**　義経は一一八五(文治元)年十月、頼朝の刺客土佐房昌俊《とさのぼうしょうしゅん》を退けた後、叔父行家《ゆきいえ》と後白河院に迫って頼朝追討の宣旨をえるが、兵は集まらず、翌月三日、都を落ち西国《さいごく》に向かった。しかし乗船した船が摂津大物浦《だいもつがうら》で難破、潜伏を余儀なくされた。

▼**頼朝の貢馬・貢金進上権接収**　頼朝は秀衡を「奥六郡の主」、みずからを「東海道惣官」とし、陸奥国の「国土貢」＝貢馬・貢金の管領は自己の権限に属すとして、都への伝進はみずからが行うと通告、秀衡を従わせた。

後白河院画像（『天子摂関御影』天子巻）

源義経画像（中尊寺金色院）

源頼朝像（鶴岡八幡宮）

も、奥羽接収路線に全面的に対決し、平泉政権を守り抜く。必要とあらば鎌倉との全面戦争も辞せず、これである。そのために必要だったのは、一つには鎌倉に対抗できる権威の獲得、もう一つは京都勢力との提携であった。そして、前者の条件をかなえるものが頼朝に並びうる源氏の嫡流＝義経の推戴《すいたい》であり、後者は京都朝廷のトップ後白河法皇との同盟であった。おりしも一一八七（文治三）年春、頼朝に追われた義経が奥州に亡命してくる。義経の平泉亡命と秀衡の政治路線転換のどちらが早かったかは不明だが、一一八七年秋には、秀衡は、義経を大将軍とし、みずからは奥羽統治を担うという、あらたな政権構想を固めるにいたった。この政権は、奥羽両国一七万騎と称された平泉家臣団が軍事力を担い、藤原基成・清原実俊など京下りの貴族や実務官僚層が政権スタッフを固め、後白河院落胤の「平泉姫宮」などの王族が政権をかざるというもので、これによって、いまだ支配の弱い南奥武士層を掌握するとともに、関東武士の分裂と離反を誘い、反頼朝勢力が潜在しているかつての越後城氏や義仲の勢力圏の武士勢力も糾合することが期待された。そして、そのうえで鎌倉との全面戦争に備える。まさに北方政権を守るための平泉幕府《ばくふ》構想であった。

▼義経最期の地と衣河館　義経最期の地は、江戸時代以来、平泉の高館《たかだち》とされてきたが、『吾妻鏡』には、藤原基成の宿館「衣河館」で泰衡の兵に襲われ、家人が防戦したが敗北、持仏堂《じぶつどう》にはいり、妻子を殺したのち自害したと記される。義経最期の地は「衣河」＝現在の下《しも》衣川で、基成の「衣河館」の一画が義経屋敷となっていたことがわかる。

下衣川地区航空写真　源義経最期の地。

だが、この構想を実現に移すために必要な秀衡の命は、残されていなかった。義経が平泉にはいって数カ月後、秀衡は病の床に伏し、十月二十九日、ついに死去したのである。享年六十三、四歳。死の床で秀衡は、次男泰衡を後継者とし、長男国衡に泰衡の母であるみずからの正室（基成娘）を娶せて「兄弟和融」のはからいをなすとともに、義経を大将軍として奥羽の国務をまかせ、主君として仕えるべきことを遺言した。さらに三人一味の起請文を交わして、頼朝との決戦を誓わせたという（『吾妻鏡』文治三年十月二十九日条、『玉葉』文治四〈一一八八〉年正月九日条）。

しかし、秀衡の死から一年もたたない翌一一八八年春、後白河は頼朝と妥協し、泰衡に対し義経の身柄の差出しを命じる宣旨を発する。以後しだいに強まる鎌倉と京都の圧力に抗しきれず、泰衡が義経を藤原基成の衣河館《ころもがわのたち》に襲撃▲、自害させたのが一一八九（文治五）年閏四月三十日。そして同年八月二十二日、鎌倉軍の侵攻の前に平泉は陥落、北に逃げた泰衡も、九月三日、比内《ひない》郡贄柵《にえのさく》で「数代郎従」河田次郎《かわだじろう》に殺され、奥州藤原氏は滅亡したのである。後三年合戦の終結から一〇二年、清衡の平泉開府から約九〇年後のことであった。

頼朝の奥州攻めの進路（文治五年奥州合戦）

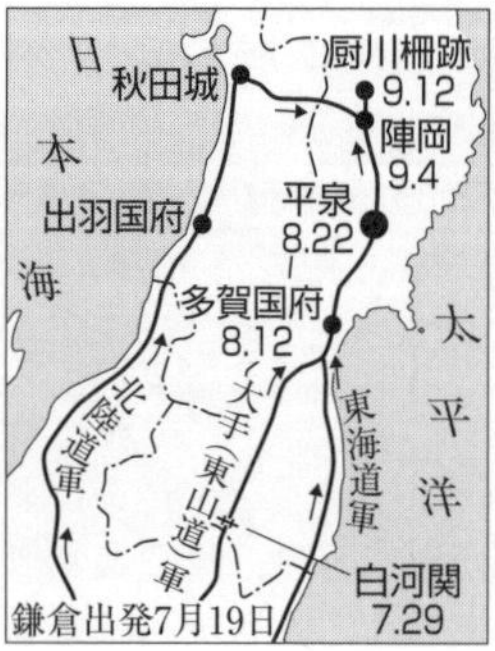

阿津賀志山二重堀《あつかしやまふたえぼり》跡（福島県国見《くにみ》町）　泰衡が鎌倉軍迎撃のために築いた防塁の跡。

流産した北方自立の道

かくして平泉《ひらいずみ》政権は滅亡した。一般に秀衡《ひでひら》死後の奥州藤原氏については、四代泰衡《やすひら》がすぐに動揺して義経《よしつね》を殺害し、平泉政権もまたなすところなく滅ぼされたようにいわれている。しかし実際には、泰衡は一年半にわたって父秀衡の遺命を守り、義経を立て兄国衡《くにひら》や祖父藤原基成《もとなり》と協力して、鎌倉《かまくら》との戦いの準備を進めていた。そこには「北方の王者」として北奥の地に半独立政権を形成してきた奥州藤原氏の強烈な自覚とアイデンティティーが息づいていた。

この泰衡の姿勢を崩壊させたのが、頼朝《よりとも》の強固な意志と行動、そして後白河《ごしらかわ》の裏切り（頼朝との妥協）であった。頼朝の奥州征討の準備は遅くとも一一八八（文治《ぶんじ》四）年暮れには始まり、翌年二月初旬には全国の御家人《ごけにん》に動員令が発せら

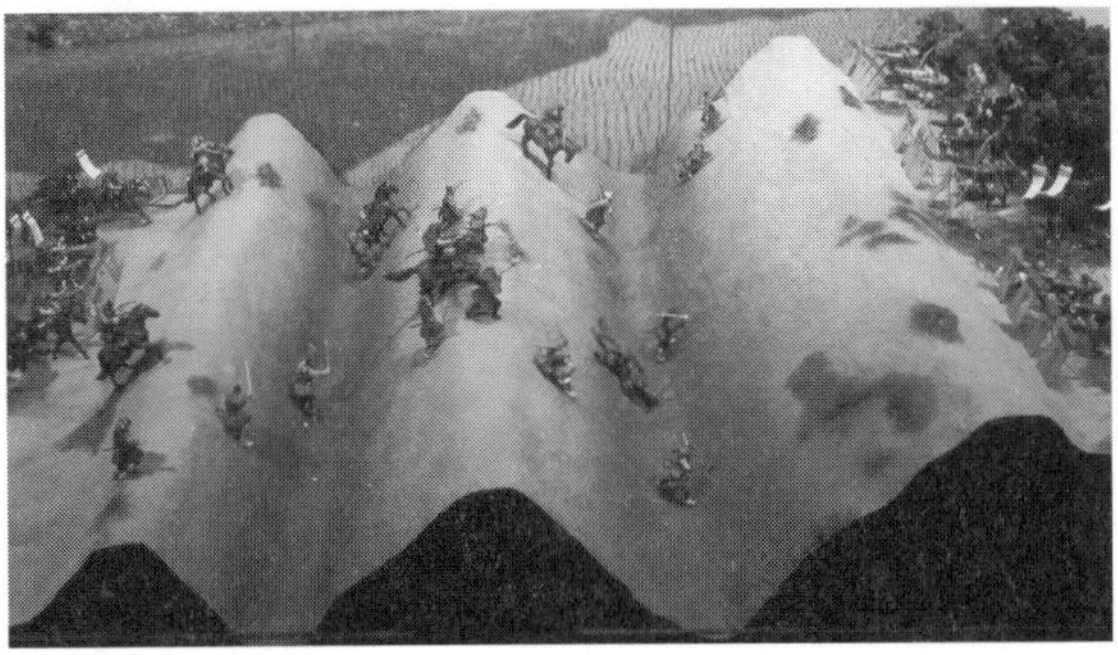

阿津賀志山二重堀復元模型　阿津賀志山は奥大道《おくだいどう》が福島盆地から白《しろ》石《いし》盆地へ越える峠にあり、この山の中腹から阿武隈《あぶくま》川にいたる約三キロにわたって長大な防塁が築かれた。

れる。鎌倉参陣の日限は七月十日以前。しかも泰衡が義経を襲った閏《うるう》四月末、頼朝の圧力の前に泰衡追討の宣旨《せんじ》がだされるのは時間の問題となっていた。

奥州征服を熱望した頼朝の意図はなんであったか。頼朝の奥州攻めに動員された武士は、日本六六カ国、総勢二八万騎といわれる。鎌倉幕府《ばくふ》の史書『吾妻《あずま》鏡《かがみ》』はこの戦いを「奥州征伐」、『愚管抄《ぐかんしょう》』は「奥入リ」と記していた。「奥入リ」とはのちの豊臣秀吉《とよとみひでよし》の大陸侵攻「唐《から》入り」にも匹敵する言葉である。当時「出羽《でわ》・陸奥《むつ》は夷《えびす》の地」といわれ、『吾妻鏡』には頼朝の行動を坂上田村麻呂《さかのうえのたむらまろ》になぞらえる記述もみえている。平泉政権に対する戦いが古代以来の「征夷《せいい》」の延長として中央権力から位置づけられていたことは、明らかである。そして、これまで述べてきた平泉政権の性格を考えるならば、このような性格の権力を頼朝の鎌倉幕府が容認できないことは、当然であった。それをみあやまった泰衡の認識不足を指摘せざるをえないが、ただ、泰衡の名誉のためにいうと、政治権力者や政権担当者によるそうした情勢判断の誤りは歴史上しばしばみられるもので、別に泰衡が特別おろかであったわけではない。

平泉政権滅亡後の鎌倉幕府の奥羽統治は「秀衡泰衡の先例を守りその沙汰《さた》を

いたすべし」の原則のもとに行われた。だがその一方で、かつて平泉政権が追求した「奥羽自立」、「神国の平和」にかわる「法華経《ほけきょう》の平和」、「仏の前にはすべて平等」の路線は、明確に否定されていった。奥羽とくに北奥羽では、地頭《じとう》となった鎌倉御家人によって国家守護・夷賊《いぞく》征伐の武神八幡宮が勧請《かんじょう》され、地域社会の中核となってゆく。一方、平泉時代に創建された仏教寺院の多くは退転していった。平泉でも、中尊寺・毛越寺などの寺院は幕府の保護を受けたものの、同時にその強い支配下におかれ、中尊・毛越両寺の僧侶は、幕府の祈禱所となった近隣の鎮守府伊澤《いさわ》八幡宮（鎮守府胆沢城の地にあった）の放生会《ほうじょうえ》への参加を強制された。それは、やがて十三世紀半ばの北条時頼《ほうじょうときより》▲時代、平泉の中心部に「新八幡宮」を勧請し、中尊寺放生会をここで行われる「新八幡放生会」に吸収しようとするレベルにまで進む。その意味で、平泉の滅亡は、奥羽の地の完全な日本国への統合の完成であり、北方自立の道の流産であった。そして、北の奥羽の地が南のヤマト（西国《さいごく》）やアヅマ（東国《とうごく》）とは異質な文化を維持し、日本国の社会がより豊かな多様性を発展させたかもしれない可能性もまた、平泉滅亡とともに失われていったのである。

▼**北条時頼**　一二二七〜六三年。鎌倉幕府第五代執権《しっけん》（在職一二四六〜五六年）。泰時《やすとき》の子時氏《ときうじ》の次男。寛元《かんげん》の政変（一二四六年）と宝《ほう》治《じ》合戦（一二四七年）に勝利して権力を確立。一二五六（康元《こうげん》）年出家して執権を退いてからも北条氏家督（得宗《とくそう》）として権力を握り、得宗専制時代の先がけとなった。

現在の平泉

平泉と奥州藤原氏の歴史・文化に対しては、これまでも大きな注目がなされてきた。だが、そこには、やはり「日本列島北部辺境の一地方史」という視点が強烈に働いていたように思う。しかし、本書で述べてきたように、平泉と奥州藤原氏には、「日本国」の枠におさまらないきわめて豊かなものがあった。そして日本国全体の歴史に大きな作用と反作用をおよぼしつつ、その歴史をあゆんできた。奥州藤原氏とはそうした巨大な存在であった。それだけに、平泉と奥州藤原氏の歴史については、日本列島の歴史が本来有していた多様で豊かな可能性を示すものとして、日本史および東アジア史全体のなかに位置づけ、評価してゆくことが、今後ますます必要となってくるであろう。

写真所蔵・提供者一覧(敬称略, 五十音順)

青森県埋蔵文化財調査センター　p. 12, 13
秋田市教育委員会　p. 9
板垣真誠　p. 79下
井筒信隆　p. 44左
入江正巳(画)・中尊寺(所蔵)　p. 43右
入間田宣夫　p. 76右, 86
岩手県教育委員会　p. 2, 33, 34, 37
奥州市世界遺産登録推進室　p. 17
梶川敏夫　p. 31
川嶋印刷株式会社　p. 41
京都国立博物館　p. 42
京都市歴史資料館　p. 44右
宮内庁三の丸尚蔵館　p. 60, 68, 84左
国立歴史民俗博物館　p. 18
財団法人奥州市文化振興財団　奥州市埋蔵文化財調査センター　p. 8
財団法人岩手県文化振興事業団埋蔵文化財センター　p. 52, 71, 85
仙台市博物館　p. 14下
第一航業株式会社　p. 89
田中家・中央公論新社　p. 80
中尊寺　カバー表上, 扉, p. 45, 48, 49, 56右, 57上右, 57中, 63, 84中
東亜フォトニクス　p. 3
東京国立博物館・Image:TNM Image Archives　p. 25, 26左
東寺　p. 46
東北カラーエージェンシー　p. 22
鶴岡八幡宮　p. 84右
平泉文化遺産センター　p. 10, 38
平泉町教育委員会　カバー表下, p. 39, 40, 76左, 77, 78, 79上
平泉町文化遺産センター　p. 36中, 57上左(国〈文化庁〉保管), 59
福島県立博物館　p. 87
北海道大学植物園・博物館　p. 14上
フォトライブラリー　p. 43左
便利堂　p. 46
ボストン美術館・ユニフォトプレス　p. 72
毛越寺・川嶋印刷株式会社　カバー裏
横手市教育委員会　p. 26右, 35, 36上
六波羅蜜寺(所蔵)・田中眞知郎(撮影)　p. 74
復元設計・監修 故・藤島亥治郎東京大学名誉教授, 平泉レストハウス平泉文化史館蔵, 新潮社『奥州平泉黄金の世紀』より　p. 65
個人蔵　p. 57上中
著者　p. 20, 51, 53, 56左

刊東北学16号，柏書房，2008年
野口実『武家の棟梁の条件』中公新書，1994年
野口実「豪族的武士団の成立」元木泰雄編『日本の時代史７　院政の展開と内乱』吉川弘文館，2002年
『東アジアの古代文化』130号，特集：古代・中世の奄美・沖縄諸島，大和書房，2007年
樋口知志『前九年・後三年合戦と奥州藤原氏』高志書院，2011年
平泉文化研究会編『奥州藤原氏と柳之御所跡』吉川弘文館，1992年
平泉文化研究会編『日本史の中の柳之御所跡』吉川弘文館，1993年
藤島亥治郎『平泉建築文化研究』吉川弘文館，1995年
保立道久『平安王朝』岩波新書，1996年
保立道久『義経の登場』NHKブックス，2004年
美川圭『白河法皇』NHKブックス，2003年
元木泰雄『保元・平治の乱を読み直す』NHKブックス，2004年
八重樫忠郎「平泉における寺院」吉井敏幸・百瀬正恒編『中世の都市と寺院』高志書院，2005年
義江彰夫・入間田宣夫・斉藤利男編『十和田湖が語る古代北奥の謎』校倉書房，2006年

参考文献

『アジア遊学』102号, 特集：東アジアの平泉, 勉誠出版, 2007年
入間田宣夫・本澤慎輔編『平泉の世界』高志書院, 2002年
入間田宣夫・豊見山和行『北の平泉・南の琉球』日本の中世５, 中央公論新社, 2002年
入間田宣夫『都市平泉の遺産』日本史リブレット18, 山川出版社, 2003年
入間田宣夫編『平泉・衣川と京・福原』高志書院, 2007年
入間田宣夫『平泉藤原氏と南奥武士団の成立』歴春ふくしま文庫53, 歴史春秋社, 2007年
入間田宣夫編『兵たちの登場』兵たちの時代Ⅰ, 高志書院, 2010年
入間田宣夫編『兵たちの生活文化』兵たちの時代Ⅱ, 高志書院, 2010年
入間田宣夫編『兵たちの極楽浄土』兵たちの時代Ⅲ, 高志書院, 2010年
上横手雅敬編『源義経　流浪の王者』文英堂, 2004年
遠藤巌「藤原清衡―平泉開府と中尊寺建立」『歴史読本』特集・奥州藤原四代の興亡, 1993年６月号
遠藤基郎「平泉藤原氏と陸奥国司」入間田宣夫編『東北中世史の研究』上巻, 高志書院, 2005年
大石直正『奥州藤原氏の時代』吉川弘文館, 2001年
大石直正・高良倉吉・高橋公明『周縁から見た中世日本』日本の歴史14, 講談社, 2001年
菅野成寛「平泉出土の国産・輸入陶磁器と宋版一切経の舶載」平泉町教育委員会編『柳之御所跡発掘調査報告書』1994年
菅野成寛「都市平泉おける鎮守成立史論」岩手史学研究77号, 1994年
菅野成寛「10世紀北奥における衣関成立史論」岩手史学研究84号, 2001年
小林清治・大石直正編『中世奥羽の世界』東京大学出版会, 1978年
斉藤利男『平泉―よみがえる中世都市―』岩波新書, 1992年
斉藤利男「北方世界のなかの平泉・衣川―日本史における「北」の可能性―」『歴史評論』678号, 2006年
斉藤利男「北の辺境世界と平泉政権―「北の都」平泉の首都性と宗教思想―」説話文学研究44号, 2009年
斉藤利男「奥州藤原氏の首都遺跡」『日本の対外関係』３通交・通商圏の拡大, 吉川弘文館, 2010年
斉藤利男「安倍・清原・奥州藤原氏と北の辺境」東北学院大学東北文化研究所編 榎森進・熊谷公男監修『古代中世の蝦夷世界』高志書院, 2011年
斉藤利男『平泉―北方王国の夢―』講談社選書メチエ, 講談社, 2014年
鈴木靖民編『古代蝦夷の世界と交流』古代王権と交流１, 名著出版, 1996年
須藤弘敏・岩佐光晴『中尊寺と毛越寺』日本の古寺美術19, 保育社, 1989年
高橋富雄『奥州藤原氏四代』吉川弘文館, 1958年
高橋富雄『藤原清衡』清水書院, 1971年
高橋富雄・三浦謙一・入間田宣夫編『図説 奥州藤原氏と平泉』河出書房新社, 1993年
高橋昌明『平清盛　福原の夢』講談社選書メチエ, 講談社, 2007年
東北芸術工科大学東北文化研究センター『特集・平泉, 一万年の系譜のもとに』季

基衡・秀衡とその時代

西暦	年号	齢	おもな事項
1130	大治５	28	基衡，兄惟常との家督争いに勝ち，平泉２代当主となる
1131～34(天承元～長承３)			このころ毛越寺建立される
1135	保延元	33	藤原師綱，陸奥守に補任，鎮守府将軍をかねる。こののち，国衙検注をめぐって基衡，師綱と衝突
1141	永治元	39	***12***– 崇徳天皇退位し，弟近衛天皇即位(王家分裂の始まり)
1143	康治２	41	***4***– 藤原基成，陸奥守に補任(６月，鎮守府将軍をかねる)
1149	久安５	47	藤原頼長，基衡に奥羽の荘園５カ所の年貢増徴を申し入れるが，基衡これを拒否する(1153〈仁平３〉妥結)
1151	仁平元	49	このころ秀衡(27歳)と基成の娘，結婚する
1156	保元元	54	***7***– 鳥羽法皇死去(54歳)，保元の乱起こる
1157	２	55	このころ藤原基衡死去，秀衡(33歳)平泉３代当主となる
1159	平治元	*35*	***12***– 平治の乱起こる，藤原信頼(基成の弟)処刑
1160	永暦元	*36*	藤原基成，陸奥国に配流されるが，娘婿秀衡により平泉政権の政治顧問として迎えられる
1166	仁安元	*42*	後白河院と平清盛の提携なり，憲仁親王(高倉天皇)立太子
1167	２	*43*	***2***– 平清盛，太政大臣となる(５月，辞任)
1169	嘉応元	*45*	平清盛(入道浄海)，摂津福原に退隠
1170	２	*46*	***5***– 秀衡，鎮守府将軍に補任される。***9***– 宋帝国の使者来朝，日宋間の本格的な外交始まる
1173	承安３	*49*	***11***– 高野山五大多宝塔落成し，本尊金色釈迦如来像の開眼供養行われる。秀衡，造営に多額の財貨を寄進する
1177	安元３	*53*	***6***– 鹿ヶ谷事件。後白河と清盛の対立，表面化する
1179	治承３	*55*	***11***– 平清盛，福原から軍勢を率いて上京，後白河院を鳥羽離宮に幽閉し，平家の軍事独裁を実現
1180	４	*56*	***5***– 以仁王の挙兵。***8***– 源頼朝，伊豆に挙兵。***9***– 源義仲挙兵。***10***– 富士川の戦いで平家の追討軍大敗
1181	養和元	*57*	***6***– 千曲川の戦い(横田河原の戦い)で城助職，源義仲軍に大敗。秀衡，会津に侵攻し城氏勢力を追う。***8***– 秀衡，陸奥守に補任される
1185	文治元	*61*	***3***– 壇ノ浦の戦いで平家滅亡。***10***– 義経挙兵するが失敗
1186	２	*62*	***4***– 源頼朝，平泉政権の貢馬・貢金を鎌倉の支配下におくことを秀衡に申し入れる。秀衡これを受ける
1187	３	*63*	***2***– このころ源義経，平泉に亡命。***10–29*** 藤原秀衡死去
1189	５		閏***4–30*** 泰衡，義経を衣河館に襲い自害させる。***7–19*** 頼朝軍，鎌倉を進発。***8–10*** 伊達郡阿津賀志山の戦いで平泉軍敗北，国衡戦死。***8–22*** 頼朝軍，平泉にはいる。***9–3*** 藤原泰衡，比内郡贄柵で郎従河田次郎に殺され(35歳)，奥州藤原氏滅亡

基衡・秀衡の生年は不明だが，本書では基衡誕生を1103(康和５)年，秀衡誕生を1125(天治２)年として，２人の年齢(正体は基衡，斜体は秀衡)を示すことにする。

清衡とその時代

西暦	年号	齢	おもな事項
1028	万寿5		*6-* 坂東で平忠常の乱起こる。この年以後鎮守府将軍の補任が中絶し，鎮守府筆頭在庁安倍氏の勢力が増大する
1036	長元9		*12-* 安倍忠好(忠良)，陸奥権守に補任
1051	永承6		安倍頼良，陸奥守藤原登任を鬼切部の戦いに破る(前九年合戦勃発)。源頼義，陸奥守に任命され奥州に赴任する
1052	7		*5-* 大赦で安倍頼良赦免。頼良，頼時と改名する
1054	天喜2		このころ清衡の父(藤原経清)と母(安倍頼時娘)が結婚
1056	4	1	*8-* 源頼義の謀略と挑発で前九年合戦再発。この年，藤原清衡生まれる
1057	5	2	*7-* 安倍頼時，奥地の俘囚との戦いで戦死
1062	康平5	7	*7-* 清原武則参戦，頼義方に加わる。*9-17* 厨川柵陥落。安倍貞任戦死，藤原経清斬首され，前九年合戦終る
1064	7	9	*3-* 安倍宗任・則任ら伊予国に流刑
1068	治暦4	13	*4-* 後三条天皇即位。このころ清衡元服
1070	延久2	15	陸奥守源頼俊，閉伊・衣曾(蝦夷)別島などを征討。清原真衡，征討の功により鎮守府将軍に任命される
1083	永保3	28	後三年合戦勃発。源義家，陸奥守として赴任。真衡頓死す
1086	応徳3	31	清原家衡，兄清衡を襲撃。この年冬，出羽山北沼柵の戦いで家衡，源義家を破る。清原武衡，家衡軍に合流
1087	寛治元	32	*11-14* 金沢柵陥落，武衡・家衡殺され，後三年合戦終る
1088	2	33	*1-* 源義家，陸奥守を解任され京都に召還される
1091	5	36	*11-* 清衡，関白藤原師実に貢馬を行う
1093	7	38	*5-* 出羽で在庁官人平師妙の乱。*10-* 源義綱，追討のため陸奥守に補任され，翌年3月，凱旋
1099	康和元	44	*6-* 関白藤原師通急死，以後白河院の勢威増大す。*9-* 藤原実宗，陸奥守に補任(12月，鎮守府将軍をかねる)
1099〜1104(康和年間)			清衡，江刺郡豊田より磐井郡平泉に居館を移す(平泉開府)
1103	5	48	*11-* 藤原基頼，陸奥守に補任(1108〈天仁元〉年重任し，12〈天永3〉年まで在任)，翌年5月鎮守府将軍をかねる
1105	長治2	50	*2-* 中尊寺最初の伽藍「多宝寺」落慶
1106	嘉承元	51	*7-* 源義家死去(68歳)
1107	2	52	*3-* 中尊寺二階大堂大長寿院が落成
1108	天仁元	53	*1-* 平正盛，源義親を追討。以後伊勢平氏台頭す。この年，中尊寺釈迦堂が落成。このころまでに陸奥守藤原基頼と清衡の共同で本州北部の「蝦夷の地」の日本国への編入が達成
1124	天治元	69	*8-* 中尊寺金色堂上棟
1126	大治元	71	*3-* 中尊寺「鎮護国家大伽藍一区」の落慶法要が行われる
1128	3	73	*7-16* 藤原清衡死去
1129	4		*7-7* 白河法皇死去(77歳)，鳥羽院政始まる

斉藤利男(さいとう としお)
1950年生まれ
東北大学大学院文学研究科博士課程後期単位取得退学
専攻，日本中世史
現在，弘前大学名誉教授・弘前学院大学特任教授
主要著書
『平泉―よみがえる中世都市―』(岩波新書1992)
『北の内海世界』(共編著，山川出版社1999)
『平泉―北方王国の夢―』(講談社選書メチエ2014)
『霊山十和田―忘れられたもうひとつの十和田湖―』(文化出版2018)
『戦国大名南部氏の一族と城館』(戎光祥出版2021)

日本史リブレット人 023
奥州藤原三代《おうしゅうふじわらさんだい》
北方の覇者から平泉幕府構想へ

2011年5月20日　1版1刷　発行
2023年1月31日　1版5刷　発行

著者：斉藤利男《さいとうとしお》

発行者：野澤武史

発行所：株式会社 山川出版社

〒101－0047　東京都千代田区内神田1－13－13
電話 03(3293)8131(営業)
03(3293)8135(編集)
https://www.yamakawa.co.jp/
振替 00120-9-43993

印刷所：明和印刷株式会社

製本所：株式会社 ブロケード

装幀：菊地信義

Printed in Japan ISBN 978-4-634-54823-7

日本史リブレット 人

〈白ヌキ数字は既刊〉